AF214816

Producing
Performing Arts

**Aus dem Maschinenraum der
freien darstellenden Künste**

Eine Publikation des
Bündnisses internationaler Produktionshäuser

Herausgegeben von Katrin Dod und Patrick Wildermann
Mit Illustrationen von Yorgos Konstantinou

Alexander Verlag Berlin

Das Bündnis internationaler Produktionshäuser wird gefördert von der Beauftragten der Bundesregierung für Kultur und Medien.

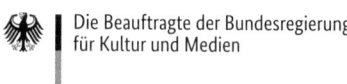

Alexander Wewerka, Fredericiastr. 8, D-14050 Berlin
info@alexander-verlag.com · www.alexander-verlag.com

Layout/Satz/Umschlag: Antje Wewerka
Illustrationen: Yorgos Konstantinou
Lektorat/Redaktion: Patrick Wildermann
Endlektorat: Christin Heinrichs-Lauer. Dank an Katja Karau

Gedruckt auf FSC-zertifiziertem Papier FSC
Druck und Bindung: FINIDR s.r.o., Český Těšín
ISBN 978-3-89581-583-6
Printed in the EU (January) 2023

10 **Vorwort**
Von Katrin Dod und Patrick Wildermann

GEGENWART

14 **Das Ende des Produzierens, wie wir es kannten**
Über den Paradigmenwechsel in den freien darstellenden
Künsten
Von Kathrin Tiedemann

19 **Ein Berufsbild in Arbeit**
Katja Sonnemann über die komplexen Anforderungen an
Performing Arts-Producer:innen

24 **Vier Gedanken zu Feminismus, Kollektivität und
freiem Produzieren**
Ein Essay von Swoosh Lieu

Rollenmodelle I
30 **Sozial, engagiert, progressiv**
Ein Steckbrief von Komuna Warszawa

33 **Zusammensein erzeugen**
Ingrid Vranken über Künstler:innen als Produzent:innen,
radikales Vertrauen und die Großzügigkeit der Pflanzen

Seitenblicke I
37 **Neuland erschließen**
Hans-Jörg Rheinberger über experimentelle Performativität

Vis-à-Vis I
39 **Erkenntnisse aus der Krise**
Bettina Masuch und Matthias Pees im Gespräch über
das Produzieren im Ausnahmezustand, die Frage nach
Systemrelevanz und postpandemische Perspektiven

PRAXIS

46   **Mehr Nähe auf Distanz**
Christian Rakow im Gespräch mit Sirwan Ali (Kampnagel
Hamburg), Dana Bondartschuk (HELLERAU, Dresden),
Ann-Charlotte Günzel (PACT Zollverein, Essen), Anna Wagner
(Mousonturm, Frankfurt am Main) und Lars Zühlke (HAU
Hebbel am Ufer, Berlin) über neue Perspektiven des digitalen
Produzierens

53   **Die Regeln des Spiels**
Sina Kießling, Producerin von machina eX, über ihr Arbeitsfeld
und das Verhältnis zwischen Kollektiven und Institutionen

57   **»Ein Riesenspektrum an Tätigkeiten«**
Anja Quickert im Gespräch mit Sascha Sulimma und Caroline
Farke von andcompany&Co. über die Dynamik zwischen
Producerin und Künstler:innen

61   **Eine Insel in ökonomisch rauer See**
Doris Meierhenrich im Gespräch mit Sandra Klöss vom freien
Kulturbüro »ehrliche arbeit«

64   **Verantwortung und Flexibilität**
Zwei Perspektiven auf nationales und internationales Produzieren:
Dóra Büki aus Ungarn und Tamiko Ouki aus Japan im Porträt
Von Esther Boldt

68   **Was sich lernen lässt**
Katja Sonnemann über Ausbildungswege für Producer:innen in
den freien Performing Arts

GELD

76 **Curare. Übungen in langfristigem Denken**
Eva Behrendt im Gespräch mit Christine Peters, Leiterin
des Bereichs Performing Arts der Kunststiftung NRW, über
bestehende und benötigte Fördermodelle

83 **Der Mehrwert der Gemeinsamkeit**
Über die Vorteile und Herausforderungen von Bündnissen und
Allianzen von Producer:innen
Von Anne Schneider

87 **Mehr Wert für die Werke**
Elena Philipp im Gespräch mit Rui Silveira und Katharina
Wallisch von Something Great

Rollenmodelle II
93 **Tourist:innen im eigenen Besitz**
Das PAF – Perfoming Arts Forum im Porträt

Seitenblicke II
97 **Jede Szene eine Premiere**
Harriet Maria Meining und Peter Meining über das
freie Produzieren für Theater und Film

Vis-à-Vis II
101 **Sind wir eine Fabrik?**
Amelie Deuflhard und Stefan Hilterhaus im Gespräch
über prekäres Produzieren, die Idee des bedingungslosen
Grundeinkommens und Kunst als Ressource für die Demokratie

GLOBUS

110 **Der Festivalfisch und das Wasser**
Fragen zum transnationalen Produzieren darstellender Kunst
Von Martine Dennewald

114 **Das transkulturelle Kontinuum**
Über die Raumzeit bei Gintersdorfer/Klaßen
Von Rahel Leupin

117 **Perspektive grenzenlos: Wie Produktionsstrukturen wachsen können**
Von Judith Knight

122 **Adaption vs. Automation**
Wie die Gruppe Rimini Protokoll ihre Produktionen globalisiert
Von Juliane Männel

Rollenmodelle III
127 **Entwicklung in Etappen**
Ein Selbstporträt von CAMPO Gent

Seitenblicke III
131 **Einheit in der Vielfalt**
Der Kunstort SAVVY Contemporary im Porträt
Von Theresa Sigmund

Vis-à-Vis III
134 **Abschied vom Global Village?**
Carena Schlewitt, Kathrin Tiedemann und Annemie Vanackere
im Gespräch über Internationalität, Translokalität und
verschobene Grenzen

ZUKUNFT

142 **Anleitung zur Selbstbefragung**
Was ist diese »Diversität«, von der alle reden –
und (wie) kann sie produziert werden?
Von Melmun Bajarchuu

148 **Produktionsagenda 2030**
17 Ziele für eine nachhaltige Zukunft –
Wir sind alle in der Verantwortung!
Von Annett Baumast

151 **Grün produzieren**
Ein Leitfaden von Julie's Bicycle

154 **»Im Digitalen begegnen wir anderen Architekturen«**
Patrick Wildermann im Gespräch mit Arne Vogelgesang,
Gründer des Theaterlabels internil, über Produktions-
möglichkeiten und -beschränkungen im Netz

161 **Offen, agil, algorithmisch?**
Herausforderungen digitalisierter Prozesse in der vernetzten
Theaterarbeit
Von Katja Grawinkel-Claassen

ANHANG

166 Produktionshäuser im Profil: Steckbriefe
170 Biografien der Autor:innen

Vorwort

Von Katrin Dod und Patrick Wildermann

»Finanzierungskonzepte erstellen und aktualisieren, Verträge schreiben und verhandeln, Probenkoordination, Touring, Dispo, Markt recherchieren, Kommunikation mit der Technik, Audience Development, Networking« – das sind Aufgaben, die in den Zuständigkeitsbereich von Producer:innen in den freien darstellenden Künsten fallen. »Babysitten, Kaffee kochen, Kostüme waschen und bügeln, 22 Dixi-Klos platzieren, vier LKW-Ladungen Reis besorgen, Prügeleien verhindern, Premierenblumen kaufen.« All diese Tätigkeiten beziehungsweise Herausforderungen aus der Praxis haben junge Produzent:innen auf dem Whiteboard zusammengetragen – im Rahmen der zweiten Akademie für Performing Arts Producer, die im Januar 2019 im HAU Hebbel am Ufer in Berlin stattfand. Offensichtlich klafft da eine Lücke zwischen Anspruch und Alltag – eine, die Fragen aufwirft: nach den bestehenden Unschärfen eines Berufsbildes von zentraler Bedeutung, nach Erwartungen, Beschränkungen, Ausbildungsmöglichkeiten. Und die dazu einlädt, den Fokus zu weiten und generell das Produzieren im Bereich der Performing Arts näher zu beleuchten. Den Akzent einmal zu verschieben, weg von den Künstler:innen und Regisseur:innen, die gewöhnlich mit der Verwirklichung einer Produktion identifiziert werden.

Die Akademie für Performing Arts Producer, die Katja Sonnemann für das Bündnis internationaler Produktionshäuser e.V. initiiert hat und leitet, hat den Anstoß zu dieser Publikation gegeben. Dazu, Blicke in den Maschinenraum der freien darstellenden Künste zu werfen – und aus ihm heraus. Ohne den Anspruch, jedes einzelne Zahnrad in diesem komplexen Gefüge beleuchten zu können.

Wie produzieren wir gegenwärtig – und wie wollen wir zukünftig produzieren? Zwischen diesen Polen bewegt sich die Suche unseres Buches. Wir wollen einen Status quo und seine Geschichte befragen, die Praxis von Produzent:innen unter den verschiedensten Bedingungen sowie die finanziellen Voraussetzungen des Produzierens diskutieren, der Internationalität der Performing Arts Rechnung tragen, uns alternative Modelle vor Augen führen lassen – und immer wieder auch den eigenen Horizont entgrenzen. Wie in der Rubrik *Seitenblicke*, die nach Impulsen aus anderen Sparten forscht: aus der Wissenschaft, aus dem Film, aus der transdisziplinären Kunst. Unter dem Schlagwort *Rollenmodelle* stellen wir internationale Produktionshäuser vor, deren Geschichte und Struktur oftmals inspirierend von den uns vertrauten Normen abweicht. In den *Vis-à-Vis*-Gesprächen schließlich werden die Themen unserer Kapitel von den aktuellen und ehemaligen Leiter:innen der im Bündnis zusammengeschlossenen Produktionshäuser vertiefend diskutiert.

Last but not least möchten wir den Herausforderungen Raum geben, vor denen das Produzieren im Bereich der Performing Arts steht – wiederum exemplarisch am Beispiel derjenigen To-dos, die uns am dringlichsten erschienen. Freilich ließen sich zahlreiche weitere finden.

Entstanden ist *Producing Performing Arts*, wie sich an vielen Stellen zeigen wird, unter dem Eindruck einer Pandemie, deren Folgen uns noch lange beschäftigen werden – nicht nur im Bereich der Performing Arts. Geschärft hat die Krise aber auch die Notwendigkeit von Fragen, die so zeitlos sind, dass sie manchmal in Vergessenheit geraten: Warum – und für wen – setzen wir die Produktionsmaschinerie in Gang?

Wir danken allen Autor:innen und Gesprächspartner:innen, die dieses Buch möglich gemacht haben.

GEGENWART

Das Ende des Produzierens, wie wir es kannten

Über den Paradigmenwechsel in den freien darstellenden Künsten

Von Kathrin Tiedemann

Nimmt man die Entwicklung der freien darstellenden Künste seit den 1970er-Jahren (in Deutschland) in den Blick, dann lässt sie sich einerseits als Erfolgsgeschichte erzählen: hervorgegangen aus den gesellschaftlichen Aufbrüchen in den 1960er- und 1970er-Jahren, Professionalisierung in den 1980er-Jahren, Einrichtung »eigener« Festivals und Produktions-häuser, zunehmende Etablierung in den 1990er-Jahren, breite Aner-kennung eigenständiger, künstlerischer Beiträge und Diskurse zum Gegenwartstheater (nicht zuletzt im Zusammenhang mit der Einfüh-rung und Etablierung des Begriffs des »postdramatischen Theaters« im Zuge der breiten Rezeption des Buchs von Hans-Thies Lehmann mit gleichnamigem Titel), kulturpolitische Wertschätzung durch den Aus-bau der Förderstrukturen, regelmäßige Einladungen von freien Gruppen zum Theatertreffen in Berlin, Verleihung von Preisen. Andererseits muss man feststellen, dass die zunehmende Professionalisierung und Institu-tionalisierung der »Freien Szene« parallel zum Umbau des Sozialstaats und einer breiten Entsolidarisierung in den Arbeits- und Lebensverhält-nissen stattfand und dadurch »Kreativität« und »künstlerische Freiheit« eine Umwertung erfuhren, wie sie der Dramaturg Henning Fülle, der die Geschichte des Freien Theaters von den 1960er-Jahren bis 2010 un-tersucht hat, beschreibt:

> Der Anspruch auf künstlerische, ästhetische Zeitgenossenschaft und Relevanz stand von Anbeginn in engem Zusammenhang mit alter-nativen Produktionsweisen von Theater, die dafür als unabdingbare Voraussetzung galten: Mit dem Bestehen auf Souveränität in allen

künstlerischen, materiellen und Personal-Entscheidungen waren sie frei von den Zwängen der Repertoire- und Ensemblepolitik der Häuser, dem Entscheidungsmonopol von Intendanten; die Projektorientierung stand für die Souveränität in allen thematischen, inhaltlichen und nicht zuletzt auch in der Frage der als notwendig angesehenen Produktionszeiten. Allerdings wurden die Ansprüche der Freien Szene auf solidarische Gleichberechtigung und Kollektivität sowie der Anspruch auf die Gemeinsamkeit von ›Leben und Arbeiten‹, die die Normative der Freien Szene der Achtzigerjahre noch geprägt hatten, bald aufgegeben. (...)

So ist die deutsche Theaterlandschaft geteilt: In das Traditionssystem der Repertoire- und Ensemble-Betriebe und das System der freien Produktionsweisen, in dem die künstlerischen Modernisierungs-, Innovations- und Erneuerungsimpulse der Theaterkunst und die Anstrengungen, Publikum jenseits der bildungsbürgerlichen Schichten zu erreichen, eingehegt sind.

Zum einen steht heute also die Selbstbestimmung in Bezug auf die Arbeitsweisen auf dem Spiel, ohne die die freien darstellenden Künste nicht denkbar sind, zum anderen ist auch das Feld der künstlerischen Produktion von den derzeitigen tiefgreifenden gesellschaftlichen, ökonomischen und technologischen Transformationen betroffen, die die Grundlagen der Theaterproduktion ebenso infrage stellen, wie sie die Akteur:innen mit neuartigen ethischen, ästhetischen, gesellschaftlichen und politischen Herausforderungen konfrontieren.

Geprägt von prekären Verhältnissen – für die zeitlich befristete Projekte und eine Vielzahl zumeist kleinerer Produktionen symptomatisch sind, hervorgebracht von einer »Army of Artists«, wie Jan Ritsema die wachsende Zahl von freiberuflichen darstellenden Künstler:innen beschreibt – befindet sich das Feld zurzeit im Umbruch: Nachhaltigkeit, Generationenwechsel, ein hohes Maß an transdisziplinären Praktiken, sich wandelnde Ansprüche des Publikums – diese und weitere Aspekte sprechen dafür, dass in dem Feld, in dem die freien darstellenden Künste agieren, Neupositionierungen stattfinden. Im Moment scheint es, als würde die Unterbrechung der Routinen des öffentlichen Veranstaltungsbetriebs im Zuge des pandemiebedingten Lockdowns einen Perspektivwechsel begünstigen. Eine Rückkehr zum präpandemischen Theaterbetrieb wird für viele immer weniger vorstellbar (weder möglich noch wünschenswert) – jedoch hatten die Akteur:innen bisher kaum Gelegenheit, eigene Vorstellungen von nachhaltigen, längerfristigen Perspektiven zu entwickeln. Entbunden von den marktförmigen Rhythmen aus Produktion, Distribution und Rezeption prägen ergebnisoffene, künstlerische Recherchen eine Interimszeit, die von vielen Künstler:innen als ihre »Rettung« beschrieben wird.

Kritik der Produktionsverhältnisse

Die Vorstellung, dass die kritische Dimension künstlerischer Produktion weniger eine Frage politischer Inhalte ist, sondern vielmehr der Art und Weise, wie sie sich zu den jeweiligen sozialen »Produktionsverhältnissen« in der Lebens- und Arbeitswelt positioniert, geht zurück auf Walter Benjamins Auseinandersetzung mit dem epischen Theater Bertolt Brechts. Es dient ihm als Beispiel dafür, wie der Apparat des Theaters und das konsumistische Verhältnis der Zuschauer:innen zum Bühnengeschehen durch die künstlerische Produktion revolutioniert werden können.

Einen Vorschlag, wie die Produktionsweisen im Theater als nicht-entfremdete Arbeit zu imaginieren wären, macht Alexander Karschnia von andcompany&Co. mit dem Begriff des *Performerism*:

> Der Diskurs des ›Performerism‹ (›Schauspieler-ismus‹) geht von der Beobachtung aus, dass sich nicht nur die Fabrik als Zentrum der Produktion aufgelöst hat, sondern auch das Theater als zentraler Ort des gesellschaftlichen kulturellen Lebens, als Zentrum der Reproduktion. (...) Für unabhängige Theatermacherinnen dagegen ist es an der Zeit, über die ›Autonomie der Theaterarbeit‹ zu sprechen – zwischen Selbstbestimmung & Selbstausbeutung: Performerists gehen davon aus, dass die neuen Arbeitsverhältnisse nicht nur einen Zwang ausüben, auf den man reagiert, sondern Chancen bieten zur Transgression alter Trennungen (Stadttheater vs. freie Szene, professionelles vs. Laientheater etc.).

Im Kontext neuerer macht- und kapitalismuskritischer Diskurse stehen auch die Verwertungszusammenhänge innerhalb der Kultureinrichtungen zur Diskussion: Insofern diese das unternehmerische Denken und Handeln im Kulturbetrieb begünstigen und einfordern, befinden sie sich häufig im Widerspruch zu den eigenen, gesellschaftskritischen Ansprüchen. Das soziale und symbolische Kapital, das die Einzelnen aus ihrer alltäglichen und künstlerischen Lebenspraxis als Werte zur Verfügung stellen, soll nicht länger ohne entsprechende Gegenleistung als *human resource* verwertet werden. Die Einführung von Honoraruntergrenzen, die Honorierung von Recherchephasen und Fragen der ungeklärten Alterssicherung werden vielerorts debattiert, manche Forderung konnte erfolgreich durchgesetzt werden. Darüber hinaus geht es um die Anerkennung reproduktiver Tätigkeiten wie Kinderbetreuung, Care- und Maintenance-Arbeit mit dem Ziel, prekäre Arbeits- und Produktionsbedingungen so zu verändern, dass die gender-, klassen- und herkunftsspezifischen Benachteiligungen abgebaut werden.

Angesichts der sichtbar gewordenen Krisenverhältnisse von planetarischen Ausmaßen erhält der Aspekt der Fürsorge eine Bedeutung, die über Care-Arbeit weit hinausgeht. Es wird offensichtlich, dass die Bewertung der Rolle der Kunst in der Gesellschaft nach unternehmerischen Parametern nicht länger vertretbar ist. Vielmehr brauchen wir eine grundlegende Neubewertung. Anstatt weiterhin die Nützlichkeit von Kunst als wirtschaftlichem Standortfaktor ins Kalkül zu ziehen, ist ein radikales Umdenken erforderlich, das den mikropolitischen, sozialen, ökologischen und nachhaltigen Zusammenhängen Rechnung trägt, in denen Künstler:innen arbeiten, denken, praktizieren und leben – und von denen wichtige Impulse für andere Formen des In-der-Welt-Seins ausgehen, die auf den Ausgleich zwischen den Generationen, die Kohabitation und Kollaboration mit menschlichen und nicht-menschlichen Spezies zielen.

Ein wesentlicher Gedanke dieses grob umrissenen Paradigmenwechsels in der künstlerischen Praxis besteht darin, dass es nicht mehr um ein Produzieren geht – im Sinne von *producere,* also »vor- oder vorwärtsführen« –, dem ein Verbrauchen oder Konsumieren gegenübersteht. Auch im historischen Sinne geht es nicht um Fortschritt, sondern um die Anerkennung eines Rechts auf Geschichte im Sinne einer *potential history* (Ariella Azoulay), um eine Geschichte, die einen anderen Verlauf hätte nehmen können und deren schmerzhafte, koloniale Wunden bereits zu lange auf Anerkennung, Ausgleich und Heilung warten.

Welche Konsequenzen es hätte, wenn sich das Feld der Kunst weiter für die Zusammenhänge der Fürsorge öffnen und sie als ein Geflecht von Praktiken, Experimenten und Poetiken unterstützen würde, das zum

Wachstum von Umgebungen des Respekts, der Gegenseitigkeit und der Differenz beitragen und sich um die Vielfalt der menschlichen und nicht-menschlichen Lebewesen kümmern könnte, ist offen.

Produktionshäuser der freien darstellenden Künste sind vielleicht nicht die idealen und sicher nicht die einzigen Orte, um entsprechende Prozesse zu initiieren und zu begleiten. Aber sie verfügen über ein hohes Maß an Bereitschaft, ihre vorhandenen Räume, Außenräume, ihre Ressourcen, ihr Wissen und ihre eigenen Arbeitsweisen selbstkritisch zu hinterfragen, mit anderen zu teilen und zu verändern, damit dies möglich wird.

Verwendete Literatur

Benjamin, Walter (1934): »Der Autor als Produzent«

Fülle, Henning (2012): »Freies Theater – Worüber reden wir eigentlich?«, nach: https://archiv.impulsefestival.de/2016/de/news/96/henning-fuelle-ueber-die-freie-szene.html

Karschnia, Alexander (2011): »*(Post-)Performerism as a way of life* oder Das Theater der Produktion des Lebens«, in: Deck, Jan/Sieburg Angelika (Hg.): *Politisch Theater machen. Neue Artikulationsformen des Politischen in den darstellenden Künsten*, Bielefeld: transcript Verlag.

Lehmann, Hans-Thies (1999): *Postdramatisches Theater*, Frankfurt am Main: Verlag der Autoren.

Ritsema, Jan (2015): »Is there a way out of self-exploitation?«, in: SPIKE ART MAGAZINE #43, Spring.

Ein Berufsbild in Arbeit

Katja Sonnemann über die komplexen Anforderungen an Performing Arts-Producer:innen

Producer:innen sind selbständige Unternehmer:innen, langfristige Mitarbeiter:innen, Dienstleister:innen, Kompliz:innen, Partner:innen, Finanzmanager:innen, Organisationsspezialist:innen, Rechtsabteilungsleiter:innen, eierlegende Wollmilchsäue, kulturpolitische Aktivist:innen, Initiator:innen von Projekten, Vermittler:innen, Care-Arbeiter:innen, Deadline-Nervensägen, Netzwerker:innen, künstlerisch denkende Strukturierer:innen, Strateg:innen, Schnittstellen, Moderator:innen, Kommunikationskünstler:innen, Generalist:innen.

Die Aufgaben der Producer:innen in den freien darstellenden Künsten sind vielfältig und umfangreich, ihre Rolle kann sich zwischen verwaltender Management-Tätigkeit und kreativer strategischer Partner:innenschaft bewegen. Der Job, den diese Menschen machen, umfasst ineinander verwobene Kompetenzen und Verantwortlichkeiten, die notwendig sind, um künstlerische Ideen und Projekte zu verwirklichen. Sie haben den Blick dabei häufig gleichzeitig auf die spezifischen Anforderungen des Projektes nach innen als auch auf die Beziehungsgeflechte nach außen gerichtet.

Wie ist dieses komplexe und dabei doch diffuse Berufsbild entstanden, das inzwischen unverzichtbar für die Performing Arts geworden ist?

Mit dem Wachsen der Freien Szene in Deutschland, den gestiegenen Produktionszahlen in den Häusern und der Ausdifferenzierung von Einzelprojektprogrammen auf Fördererseite ging ein Professionalisierungsdruck für Künstler:innen und Kollektive einher. Das Produzieren von Performing Arts – vormals stärker in der Verantwortung von Institutionen – ist so über die Jahre zunehmend an die selbständigen Praktiker:innen ausgelagert worden. Die Realisierung ihrer Projekte war und ist aber ohne koproduzierende Partner:innen oder zusätzliche

Förderprogramme kaum noch möglich. Es wurden immer komplexere Produktionsapparate nötig, um auf die gestiegenen bürokratischen, administrativen und kommunikativen Anforderungen zu reagieren. Das Ergebnis: eine erhöhte unternehmerische Verantwortung inklusive der damit verbundenen Risiken für freischaffende Künstler:innen – und auch Producer:innen.

Finanzverwaltung, Vernetzung und Koproduktion sind aber ohne strategische Partner:innen kaum leistbar. Es brauchte und braucht zunehmend Menschen, die diese Aufgaben übernehmen, damit ein Produktionssystem in seiner Dynamik und Komplexität bedient werden kann.

Manche begreifen sich als Produktionsleiter:innen, deren Arbeit sich auf die organisatorische, finanzielle und administrative Abwicklung einzelner Projekte bezieht. Manche sehen sich in der Rolle strategischer Partner:innen, die Künstler:innen in ihrer Entwicklung begleiten, andere wiederum als Teil einer Company oder als Co-Initiator:innen von Projekten. Produktionsleitung, Creative Producer, Company Management, Produzent:in – jede:r sucht sich eine eigene Bezeichnung für das komplexe Berufsbild. Ein Berufsbild, für das es bisher in Deutschland weder eine Ausbildung noch ein klares Profil gibt, das jedoch in der Arbeitspraxis mit relativ hohen Erwartungshaltungen konfrontiert ist.

Die Fülle an Anforderungen an den Beruf und die mangelnde Trennschärfe möglicher Aufgaben und Zuständigkeiten bieten den Vorzug, das eigene Berufsbild selbst gestalten und definieren zu können. Damit verbunden ist oft auch die Schwierigkeit, für sich eine klare Position zu finden in einem Gefüge von Erwartungen an sich selbst und den realen oder empfundenen Erwartungen von Künstler:innen, Institutionen und Förderern.

Wer sind also die Menschen, die diesen Beruf ausüben? Wie werden sie gesehen? Wie sehen sie sich selbst? Wie möchten sie sich gerne selbst sehen und wie gesehen werden? Warum entscheiden sich Menschen dafür, diesen Job zu machen?

Im Rahmen der Akademie für Performing Arts Producer – die das Bündnis internationaler Produktionshäuser 2018 als Reaktion auf das Ungleichgewicht zwischen zunehmender Nachfrage nach Producer:innen und gleichzeitiger Unschärfe des Berufsprofils ins Leben gerufen hat – habe ich mit zahlreichen Kolleg:innen über ihre Rolle sprechen können.

Bei fast allen gibt zunächst das Interesse an der Kunst den Ausschlag dafür, den Beruf zu wählen. Der Wunsch, Teil des Entstehens von Kunst zu sein, Projekte möglich zu machen und zu begleiten – häufig verbunden mit dem Interesse, Gesprächspartner:in nicht nur in Finanz- und Organisations-, sondern auch in konzeptionellen und strategischen Fragen zu sein. Kurz: dazuzugehören. In sehr vielen Arbeitskonstellationen ist das auch der Fall. Künstler:innen und Producer:innen entwickeln gemeinsam Projekte, in die sie ihre jeweils spezifische Expertise einbringen.

Häufig ist allerdings die Erzählung von der Person, die gebraucht wird, um den »Nervkram« zu übernehmen, noch präsent – die Bürokratie, Finanzen, Steuerfragen, Anträge und Abrechnungen. Solange sich aber ein Beruf von außen häufig über eben diesen »Nervkram« definiert, zwar als notwendig erachtet wird, aber als eigenständiger und auch kreativer Beruf wenig Anerkennung erfährt, führt das nicht selten zu Missverständnissen und Frustration. Es gilt also auch, das Narrativ zu verändern und die Producer:innen als Partner:innen und Gestalter:innen wahrzunehmen, die Teil einer Zusammenarbeit sind. Der größte Teil von ihnen sind Frauen, und die Frage, warum sich nicht mehr Männer für diesen Beruf entscheiden, lässt sich vermutlich nicht unabhängig vom Narrativ des Berufsbildes betrachten.

Die Arbeitsbedingungen der selbständigen Producer:innen sind oft ähnlich prekär wie die der Künstler:innen: Altersvorsorge und Krankenversicherung müssen aus den meist überschaubaren Honoraren getragen werden, soziale Absicherung ist nicht gegeben, der Zugang zur KSK ist für sie nicht möglich. Selbständige Producer:innen sind meist mit den typischen Herausforderungen Soloselbständiger konfrontiert.

In sehr vielen Fällen arbeiten Producer:innen als Einzelunternehmer:innen ohne Team oder Kolleg:innen, balancieren zahlreiche Projekte gleichzeitig, haben keine Möglichkeiten, Aufgaben an andere abzugeben oder sich Systeme der Vertretung aufzubauen, die ihnen im Fall von Krankheit beispielsweise ein Sicherheitsnetz ermöglichen.

Manche gründen gemeinsam ein Produktionsbüro, andere sind als Gesellschafter:in einer GbR oder GmbH rechtlich Teil einer Company oder bei einer solchen angestellt. Viele kombinieren selbständige Tätigkeit und Anstellung bei einem Produktionshaus, einem Festival oder Verband miteinander oder wechseln in ihrer Biografie zwischen Selbständigkeit und Festanstellung. Wegen des zunehmenden Bedarfs an

Producer:innen auch an den Institutionen und des Bedürfnisses nach sozialer Absicherung, das bei einigen im Laufe des Lebens stärker wird, gehen nicht wenige in die Festanstellung. So wandert viel Expertise in die Institutionen – und fehlt dem Bereich der Freien Szene als Erfahrungsressource.

Anders als beispielsweise in Belgien oder auch bei Modellprojekten in der Schweiz gab es in Deutschland bisher keine Möglichkeiten, eine Förderung für Produktions- oder Distributionsbüros und ähnliche Zusammenschlüsse von Producer:innen zu erhalten. Die Förderung solcher Strukturen könnte aber die Begleitung von Künstler:innen langfristig und nachhaltig unterstützen und das vorhandene Wissen sichern.

In der aktuellen Ausnahmesituation der Pandemie ändert sich die Lage erstmalig. Anfang 2021 hat sich ein bundesweites Netzwerk von Producer:innen gegründet – »produktionsbande – netzwerk performing arts producers« –, dessen Aktivitäten mithilfe einer Förderung des Fonds Darstellende Künste unterstützt werden. Schon in den Jahren zuvor haben sich Producer:innen als Reaktion auf das Einzelkämpfer:innentum verstärkt in den kollegialen Austausch begeben, unterstützt nicht zuletzt durch Initiativen wie InfoPlus des Dachverbands Tanz, einem Netzwerk für Kulturproduzent:innen, die Akademie für Performing Arts Producer und die Vernetzungsangebote verschiedener Landesverbände in den freien Performing Arts. Die Menschen, die sich in dem neuen Netzwerk engagieren, haben sich den Wissenstransfer und die größere Sichtbarkeit der Belange dieser Berufsgruppe zum Ziel gesetzt.

Die Arbeitsanforderungen für Producer:innen sind dabei im steten Wandel. Dieser Text entsteht im Mai 2021, vierzehn Monate nach Beginn der Pandemie. Die Beschreibung der Gruppe der Producer:innen und ihrer Belange wäre vermutlich vor der Pandemie gar nicht so anders ausgefallen. Aber die Fragen, die sich für die Zukunft stellen, haben sich verändert. Mit jeder veränderten Produktionsbedingung durch Verschiebung oder Verlegung in den digitalen Raum wird die Frage nach dem *Wie* des Produzierens lauter und unumgänglicher. Aktuell ist auch die Realität der Berufsgruppe der Producer:innen geprägt von einem extrem gesteigerten Arbeitspensum, zusätzlichen Anforderungen, dauernder Überlastung und von einem anhaltenden Balanceakt am Rande der Überforderung.

Wie wollen wir alle – Künstler:innen, Institutionen, Producer:innen –
zukünftig in den Performing Arts produzieren, nun, da man an vielen
Defiziten, die vorher schon bekannt waren, nicht mehr vorbeisehen kann?

Producer:innen mit ihrer Kenntnis von Struktur, ihrer Fanta-
sie und Kreativität beim Ermöglichen von Kunst könnten gute
Gesprächspartner:innen sein. Sie sind Schnittstellen im dauerhaften
Austausch mit Künstler:innen, Vertreter:innen von Institutionen, Ver-
waltungen, Verbänden, Communitys außerhalb der Performing Arts
und internationalen Netzwerken mit großer Aufmerksamkeit für die
jeweiligen Wünsche, Haltungen und Fragen der unterschiedlichen
Akteur:innen. Sie sind auch (kultur-)politische Aktivist:innen, kritische
Denker:innen, kreative Gestalter:innen, neugierige Fragesteller:innen
und aktive Zuhörer:innen. Kompetenzen, die gebraucht werden, wenn
wir uns in dieser sich schnell verändernden und herausfordernden Realität gemeinsam an eine andere Zukunft herantasten wollen.

Wie wollen wir miteinander arbeiten? Wie können wir alle gemeinsam
nachhaltiger produzieren? Welche Werte vertreten wir mit unserer Arbeit
und was bedeutet das für die Art und Weise des Produzierens? Wer sind
die Menschen, die den Beruf ausüben? Wer fehlt in dieser Gruppe noch?

Und letztlich: Worüber haben wir noch nicht miteinander gesprochen?

Vier Gedanken zu Feminismus, Kollektivität und freiem Produzieren

Ein Essay von Swoosh Lieu

1
Arbeitsweisen. Mittel. Entscheidungen.

> Es geht um die praktische Erfahrung, einer Welt gegenüberzustehen, die uns erlaubt, neue Ideen zu entwickeln, Ideen, die nicht von der Vorstellungskraft abhängen, die sich zurückgezogen hat, weil eine Welt diesen Rückzug ermöglicht hat, sondern von einem Körper, der zittert, nur um Raum zu schaffen. Wie groß unser Wissen erst wäre, wenn wir uns alle in denselben Raum begeben würden! Kein Wunder, dass Feminismus Angst macht; gemeinsam sind wir gefährlich.
> (Sara Ahmed)

Produzieren heißt, kontinuierlich Entscheidungen treffen – künstlerische, organisatorische, finanzielle. Die Produktionsweise ist maßgeblich darüber bestimmt, wie diese Entscheidungen getroffen werden. Wir als Swoosh Lieu treffen diese Entscheidungen im Kollektiv. Seit 2009 arbeiten wir als feministisches Kollektiv an Performances, Hörspielen, Installationen und digitalen Formaten. Wir haben uns für diese Arbeitsform entschieden, weil wir anders miteinander arbeiten, unsere Mittel gleichberechtigt einsetzen und wie im gesellschaftlichen Alltag auch in unseren Arbeitsprozessen nicht auf nur eine Rolle reduziert werden wollten. Im Kollektiv sind wir Performer:innen, Audiokünstler:innen, Video- und Lichtdesigner:innen, Autor:innen, Produktionsleiter:innen, Freund:innen, Mütter, Eltern, Wahlfamilie, Mitbewohner:innen, Kollektivistas.

Wir verstehen Theater von seinen Rändern her, bestimmt durch den Einsatz seiner technischen Mittel und Gewerke, Raum, Ton, Licht und

Video. Und wir stellen nicht einen Text oder eine Narration als zentralen Fluchtpunkt in das Zentrum der Arbeit, sondern suchen gleichermaßen nach einem demokratischen Kompositionsverfahren mit den Mitteln des Theaters wie auch nach einem gleichberechtigten, basisdemokratischen Austausch unter Kolleg:innen. Diese Arbeitsweise bezeichnen wir als »Demokratie der Mittel«, in der die Form und der Apparat Theater selbst immer wieder kritisch hinterfragt werden. Eine solche Art des Arbeitens basiert auf Selbstverwaltung und einer kontinuierlichen Überprüfung der eigenen Expertise innerhalb einer Situation des Solidarischen und Gemeinschaftlichen, eines Miteinander- und Voneinander-Lernens.

Mit Sara Ahmed gesprochen heißt aus feministischer Perspektive Freies Theater zu produzieren: sich in einen gemeinsamen Raum zu begeben, um an einer anderen Vorstellung von Welt zu arbeiten – die unserer gegenwärtigen Welt im besten Fall gefährlich wird. Das Wissen um das *Wie*, das diese Produktionsweisen formt, kommt aus den seit vielen Jahren und Jahrzehnten gewachsenen Erfahrungen in queerfeministischen Bewegungen, aus Praxis und Diskurs.

2
Narrationen. Verknüpfungen. Zuhören.

> It matters what matters we use to think other matters with; it matters what stories we tell to tell other stories with; it matters what knots knot knots, what thoughts think thoughts, what descriptions describe descriptions, what ties tie ties. It matters what stories make worlds, what worlds make stories.
> (Donna Haraway)

Mit Donna Haraway begeben wir uns auf die beständige Suche: Wir suchen nach Themen, die noch nicht in der Mitte von Debatte und Diskurs angekommen sind, und versuchen neue Sichtbarkeiten zu produzieren. Dabei geht es darum, eben nicht einen tradierten (meist männlich, weißen, europäischen) Kanon zu bestätigen, indem man diesen in der künstlerischen Praxis immer wieder aktualisiert, sondern vielmehr alternative Themen, Fragestellungen und neue Akteur:innen in die Themenwahl mit einzubeziehen und dabei die Formierung eines Kanons an sich zu unterlaufen.

Gegenwärtig stellt sich die Frage, was Freies Theater sein kann und wie es sich durch eine spezifische Form des Arbeitens an spezifischen Inhalten formt, für uns vor allem als politische. Während des Schreibens dieses Textes befinden wir uns nicht nur inmitten einer globalen Pandemie, die die Versammlung als Grundparadigma des Theaters radikal infrage gestellt hat, sondern auch in einem Deutschland Post-NSU, Post-Halle und Post-Hanau. Rassistischer und antisemitischer Terror sowie struktureller Rassismus im Staatsapparat und in den Behörden haben unser Verständnis von Demokratie als weiteres Paradigma des Theaters ebenfalls ins Wanken gebracht. Und was schließlich können die Orte des Produzierens, also die Produktionshäuser, in Städten sein, in denen die Lebensbedingungen immer prekärer werden und die Zugänge immer begrenzter? Wer rezipiert eigentlich was, und wer sieht sich repräsentiert?

Während Corona Orte der (analogen) Versammlung weitgehend lahmgelegt hat, haben sich soziale Bewegungen weiter die Straße genommen. Nach dem Anschlag von Hanau hat sich bundesweit Migrantifa formiert; das Frühjahr 2021 war von antirassistischen *Black-Lives-Matter*-Protesten geprägt, *Fridays for Future* lassen sich nicht von ihrer Agenda und ihren Aktionen abbringen. Hier werden die Geschichten einer anderen Zukunft erzählt, denen es in der Themenwahl zuzuhören und an die es anzuknüpfen gilt. In unserer Arbeit, maßgeblich im Rahmen der Trilogie *What is the Plural of Crisis* (2016–2019), haben wir die Themen Care-Arbeit, Migration und Gentrifizierung auf der Bühne mit einem Fokus auf den Dialog mit lokalen Initiativen und Protagonist:innen verhandelt. Wir haben Gespräche mit ihnen in Form von O-Tönen als Basis für die szenische Arbeit gesetzt. Hier findet eine wichtige Arbeit vor allem außerhalb des Probenraumes statt: zu den Akteur:innen zu gehen, ihren Geschichten und Positionen zuzuhören, sich in ihren Räumen mit ihnen auszutauschen und ihnen dann anzubieten, ihre Perspektive in einem szenischen Arrangement für andere wahrnehmbar zu machen sowie Ressourcen des freien Produzierens in diese Kontexte hinein umzuverteilen.

So treffen wir als Spezialistinnen der audiovisuellen Mittel des Theaters mit den Spezialist:innen politischer Kämpfe zusammen und suchen nach der Verbindung von szenischem Produzieren und aktivistischen Bewegungen, die innerhalb und außerhalb des Bühnenraums spürbar werden kann.

3
Kollektivität. Sorge. Leben.

> Wir müssen arbeiten können ohne ständige Erschöpfung, Güter
> tauschen können, ohne zu verwerten, und besitzen, ohne zu beherr-
> schen. Kurz: Wir müssen leben können, ohne dabei einander und
> die Welt zu zerstören und zu verlieren.
> (Eva von Redecker)

Die alte feministische Ansage »Das Private ist politisch« stellt sich gegen eine Trennung von politischer Sphäre und dem Bereich der Reproduktion. Das meint: Wie wir Dinge miteinander tun, was am Küchentisch oder hinter den Kulissen besprochen wird, gilt es genauso zu verändern wie das Gespräch auf dem Plenum oder eben den Dialog auf der Bühne. Und daraus leitet sich die Frage ab: Wie können wir füreinander sorgen? Unsere Beziehungen untereinander solidarisch gestalten?

Sich sorgen heißt in der konkreten kollektiven Praxis: Entscheidungsfindung nach Konsensprinzip, geteilte Verwaltung, transparente Finanzen, Wissen teilen und weitergeben, uns und unsere Kolleg:innen feministisch empowern. All das sind Grundlagen des gemeinsamen Arbeitens. Sich sorgen heißt auch: eine stetige Arbeit an der Auflösung von Hierarchien, eine stetige Reflexion der eigenen Position und Privilegien und die stetige Arbeit an einem solidarischen Netzwerk. Wir bauen Netzwerke dort auf, wo wir Vernetzung vermissen und brauchen: so etwa in dem FLINTA*-Netzwerk »Gefährliche Arbeit«, in dem sich Theaterarbeiter:innen organisieren, die mit einem künstlerischen Verständnis in den technischen Gewerken des Theaters arbeiten. Wir arbeiten in Bereichen des Theaters, die klassischerweise stark cis-männlich dominiert und mit entsprechenden Sexismen und Ausgrenzungsmechanismen durchzogen sind. Über die Vernetzung sorgen wir für Räume des Austausches und des Empowerments.

Freies Produzieren begreifen wir als einen kollektiven Prozess, in dem jede ihren Platz findet. »Leave no one behind« ist ein Slogan, der in der Corona-Krise zu einer zentralen Forderung wurde, und in dieser alten feministischen Forderung ist auch eine wichtige These unseres Zusammenarbeitens aufgehoben: Wir wollen so zusammenleben und eben auch produzieren, dass alle mit ihren unterschiedlichen Bedürfnissen und Skills dabei sind und bei Entscheidungen und Prozessen niemand auf der Strecke bleibt oder zurückgelassen wird. Sorge ist also ein zentrales Element des Produzierens, die Sorge um die Kolleg:innen die Basis der Zusammenarbeit. Die Sorge um das Publikum zeigt sich im besten Fall in einem Output, der allen zugänglich ist und niemanden ausschließt. Und schließlich brauchen wir auch immer wieder Raum für Sorgen, die mit der Theaterproduktion gar nichts zu tun haben, sondern vielmehr mit dem Leben, einem, in dem das Verhältnis von Arbeit (bezahlt und unbezahlt), Sorge, Vergnügen und Liebe immer wieder neu zu verhandeln ist.

Intersektionale feministische Perspektiven zeigen uns, wie viele ideologische Modelle unseren Alltag bestimmen: die Geschlechter, die Kleinfamilie, die Nation. Wenn wir diese Analysen ernst nehmen, brauchen wir fluide und flexible Organisationsformen für unsere Arbeit, die durch ihre Form selbst diese Kategorien infrage stellen und sich immer wieder anhand der Bedürfnisse und Herausforderungen neu konstituieren. Freies Produzieren hat das Potential eine solche Organisationsform zu sein.

4
Räume. Positionen. Platzierungen.

> We fail to function for a machine that was not built for us. We refuse the rhetoric of "inclusion" and will not wait for this world to love us, to understand us, to make space for us. We will take up space, and break this world, making new ones.
> (Legacy Russell)

Früher hieß Freie Szene: Frei von Haus und Geld. Mittellosigkeit als Inbegriff von Freiheit. Mittlerweile heißt Freie Szene vielleicht eher: Gelder selber organisieren und verwalten, mit Freien Häusern koproduzieren und kooperieren. Eine gemeinsame Basis finden, die Zusammenarbeit immer wieder neu ausloten – und damit freieres Arbeiten ermöglichen. Eine Entscheidung *für* freies Produzieren ist immer auch eine Entscheidung *gegen* bestimmte normative Strukturen und Institutionen: Kunstschaffende und Mitarbeitende der Produktionshäuser begegnen sich im Produzieren immer wieder neu, in variierenden Konstellationen und Formationen, so dass die Frage nach der Produktionsweise immer wieder neu ausgehandelt werden muss und nicht strukturell vorgegeben ist. Und so im besten Fall eine Begegnung auf Augenhöhe ermöglicht wird und kein Abhängigkeitsverhältnis wie in hierarchisch organisierten Theaterbetrieben entsteht.

Die Freie Szene hat sich über die letzten Jahrzehnte hinweg die Räume erkämpft, in denen andere Formen des Arbeitens und Produzierens erprobt werden können. Trotzdem ist dieses Netzwerk aber auch von Privilegien durchzogen und Veränderungen mussten und müssen von betroffenen Akteur:innen erstritten werden. Veränderte Zugänglichkeiten materialisieren sich in Konzepten wie zum Beispiel dem der Relaxed Performance, wie es in Hamburg auf Kampnagel praktiziert wird, oder in Veranstaltungen wie dem Festival »im*possible bodies« am Künstler:innenhaus Mousonturm in Frankfurt am Main.

Es gilt also beständig die eigenen Privilegien zu hinterfragen: Wer hat Zugang zu welchen Räumen, zu welchen Geldern, zu welchen Formaten? Für die Produzierenden heißt das: aus der eigenen privilegierten Position heraus den eigenen Platz überprüfen, mit anderen teilen oder sogar für andere ganz frei machen. Für die Institutionen heißt das: niemals aufhören, die eigenen Strukturen zu hinterfragen und immer wieder zu verändern, hin zu mehr Selbstverwaltung und mehr Mitbestimmung.

Denn feministisches kollektives Produzieren endet nicht bei den Theaterschaffenden, hört nicht außerhalb des Probenraums auf und beschränkt sich nicht auf die Arbeit an dem Bühnengeschehen. Feministisches kollektives Produzieren sollte wuchern, sich ausbreiten, innerhalb und außerhalb der Arbeitsweisen und Strukturen hineinwirken, Fehlfunktionen und neue Verbindungen herstellen, sich selbst befruchten und befragen, von allen Beteiligten umsorgt und gepflegt werden, Räume befüllen und Körper umhüllen, nie aufhören, diese unzureichende Gegenwart zu bedrohen. Gemeinsam sind wir gefährlich.

Verwendete Literatur

Ahmed, Sara (2021): *Feministisch leben! Manifest für Spaßverderberinnen*, Münster: Unrast Verlag.

Haraway, Donna J. (2016): *Staying with the Trouble. Making Kin in the Chthulucene*, Durham: Duke University Press.

Redecker, Eva von (2020): *Revolution für das Leben. Philosophie der neuen Protestformen*, Frankfurt am Main: S. Fischer Verlag.

Russell, Legacy (2020): *Glitch Feminism. A Manifesto*, London/Brooklyn: Verso Books.

Sozial, engagiert, progressiv

Ein Steckbrief von Komuna Warszawa

Credo

Mangelndes Engagement in der Praxis führt zu theoretischen Halluzinationen.

Verortung

Komuna Warszawa ist eine unabhängige Kultureinrichtung, die gegenwärtig in einem ehemaligen Schulgebäude im Herzen Warschaus, in der 31 Emilii Plater Straße, ansässig ist.

Geschichte

Komuna hat kurz nach der polnischen Unabhängigkeit ihre Arbeit als »anarchistische Gemeinschaft für Aktion und Gedanken« in Otwock begonnen, einer kleinen Stadt in der Nähe von Warschau. Die ersten Aktionen waren politische Straßenauftritte und Punk-Konzerte, für die wir im ganzen Land bekannt waren. In den 1990er-Jahren betrieb Komuna einige Jahre ein kreatives Arbeitshaus in einem kleinen Dorf in der Woiwodschaft Masowien, in Ponurzyca. Nach einigen Jahren und Umzügen fand Komuna in einer abgelegenen Gegend von Warschau einen Ort, an dem wir in einem ehemaligen Industrie-Mietshaus einen lebendigen Ort der Kultur aufbauen konnten.

Struktur

Komuna Warszawa hat eine für Polen innovative und einzigartige Struktur: Wir sind eine »gemeinnützige Kultureinrichtung«, eine Nichtregierungsorganisation, der eine langfristige Förderung zugesichert wurde, die auf sozialem Engagement beruht und die ein nachhaltiges Unterstützungssystem für Künstler:innen aufbauen will. Neben den sozialen

Initiativen arbeiteten wir außerdem mit etablierten Künstler:innen und aufstrebenden Nachwuchstalenten der polnischen Theater-, Tanz- und Performanceszene. Diese Struktur ist das Ergebnis einer langjährigen Suche nach der besten Aktionsform, die weiterhin kontinuierlich evaluiert und angepasst wird.

Besondere Kennzeichen

Was Komuna von anderen unterscheidet, ist die Kombination von offenen Ausschreibungen mit einem Programm, das von Gastkurator:innen entwickelt wird. Kurator:innen legen ein Thema oder ein Format fest, dem sich neue Produktionen anpassen. So sind die letzten drei Spielzeiten entstanden: »Landscape«, kuratiert von Weronika Szczawińska (2019), »Common Ground« von Tim Etchells in Zusammenarbeit mit Marta Keil und Grzegorz Reske (2020) und »Hello Darkness My Old Friend« von Markus Öhrn (2021).

Beliebt unter Zuschauer:innen, Kritiker:innen und Künstler:innen waren die Formate »Micro-Theatre« (2016–2018) und »RE//MIX« (2013–2016), die in Zusammenarbeit mit Tomasz Plata entstanden sind. Diese kuratierten Reihen haben sich insbesondere auf die Entstehung von Gemeinschaften zwischen Künstler:innen aus unterschiedlichen Disziplinen konzentriert.

Viele Produktionen von Komuna Warszawa waren bei Festivals zu sehen und haben zahlreiche Preise gewonnen, unter anderem »Cezary Goes to War« (von C. Tomaszewski), »Make Yourself« (von M. Ziółek) and »RE//MIX Paradise Now?« (von G. Laszuk).

Philosophie

Prägend für die Philosophie von Komuna Warszawa ist nicht nur ihre Verwurzelung im Sozialen, sondern auch ihr pragmatischer Ansatz bezüglich der Arbeitsbedingungen. Das Budget ist begrenzt und das Team klein. Daher konzentriert sich Komuna auf Selbst-Suffizienz und die Unabhängigkeit der Künstler:innen. Ihnen wird gezeigt, wie sie vielseitig arbeiten, Ressourcen recyclen und die Kostenfrage berücksichtigen können. Ein Ansatz, der im Zuge der Auseinandersetzung mit der Klimakatastrophe in der Kunstwelt mittlerweile zu einem Trend geworden ist.

Komuna Warszawa ist ein Ort für Anfänge und freies Experimentieren, eine Art Vorzimmer der Bühnen der großen Institutionen. Stilistisch ist Komuna in dem verankert, was man in Polen »progressiv« oder »erforschend« nennt – gelegentlich beschrieben als Gegensatz zum traditionellen Theater, das mit klassischen Texten arbeitet.

Netzwerke

Komuna Warszawa ist eine der bekanntesten unabhängigen Avant-garde-Kompanien Polens. Seit über dreißig Jahren machen wir Theater im weitesten Sinne – Theater als offener Raum, in dem verschiedene kulturelle Disziplinen aufeinandertreffen und sich vermischen. Die Arbeiten verhandeln politische und gesellschaftliche Themen, suchen kontinuierlich nach neuen Formen und Ausdrucksweisen, sind offen für die Integration von Video-Installationen, Grafikdesign, Tanz und Livemusik. Komunas Arbeiten wurden erfolgreich in zahlreichen renommierten Kultureinrichtungen, freien Theatern und auf Festivals gezeigt, unter anderem am HAU Hebbel am Ufer (Berlin), La MaMa (New York), CENTQUATRE-PARIS, auf den Theaterfestivals SPIELART (München) und euro-scene (Leipzig), beim Edinburgh Festival Fringe, dem Golden Mask Festival in Moskau sowie in Tiflis, Kiew, Teheran und vielen Städten in Polen.

In Zusammenarbeit mit Partnerinstitutionen finden auch bei uns Festivals statt, unter anderem Ciało/Umysł, Warsaw Autumn, Avant Art, Ephemera, die Konzertreihe Summer Sound Stage und das Freiluft-Filmfestival Docs Against Gravity.

Zusammensein erzeugen

Ingrid Vranken über Künstler:innen als Produzent:innen,
radikales Vertrauen und die Großzügigkeit der Pflanzen

Im Laufe der vergangenen zehn Jahre habe ich als Produktionsleiterin, Künstlerin und künstlerische Mitarbeiterin in unterschiedlichen kollektiven Konstellationen gearbeitet. Bei all diesen Erfahrungen hat die Frage »Wie arbeiten wir zusammen?« eine zentrale Rolle gespielt. Man kann aus unterschiedlichen Gründen mit anderen zusammenarbeiten wollen: aus politischer Überzeugung, um der Individualisierung der Gesellschaft und der Kunst etwas entgegenzusetzen, um das Bild des einsamen Kunstgenies zu hinterfragen, man kann zusammenarbeiten, weil man damit Verantwortung abgeben kann und mehr Flexibilität sowie Freiheit hat (insbesondere, wenn man verschiedene Jobs kombiniert), man kann zusammenarbeiten, weil man überzeugt ist, dass kollektives Wissen einen besseren Führungsstil ermöglicht. Aber Zusammenarbeit bedeutet auch Konfrontation. Ich gerate regelmäßig in Auseinandersetzungen mit anderen, und meistens mit mir selbst. Wie kann man also zusammen sein? Die Zusammenarbeit im Rahmen verschiedener Strukturen und Konstellationen hat mir gezeigt, dass es kein magisches Modell gibt, nach dem Zusammenarbeit funktioniert. Aber ich möchte drei Prinzipien erläutern, die sich im Laufe der Zeit herauskristallisiert haben und die mein Herangehen an Zusammenarbeit sowie mein Erleben von Zusammensein seitdem Schritt für Schritt verändern.

Kollektive Autonomie

Wie wird »Kollektivität« definiert? Es gibt viele Möglichkeiten, kollektiv zu handeln und gemeinsam Entscheidungen zu treffen. Kollektivität bedeutet nicht unbedingt, alles zusammen zu tun oder lediglich Konsensentscheidungen zu treffen. Die Erfahrungen, die ich besonders gewertschätzt habe, sind diejenigen, bei denen Kollektivität und

Autonomie gleichermaßen gegeben waren. Außerdem Situationen, in denen klar definiert wurde, welche Entscheidungsprozesse oder Handlungen autonom, welche kollektiv stattfinden. Im Kontext von SPIN – einer Plattform von Künstler:innen, die Künstler:innen begleitet und ihre Projekte produziert – haben wir unsere Arbeitsweise als *kollektive Autonomie* definiert. In der Praxis bedeutet das, dass Entscheidungen über die Organisation sowie die künstlerische Leitung kollektiv und im Konsens getroffen werden. Aber über individuelle Projekte, Entwicklungsmöglichkeiten, Budgets und künstlerische Anliegen entscheiden die Künstler:innen autonom.

(Radikales) Vertrauen

Common Wallet (»gemeinsames Portemonnaie«) ist ein Lebensprojekt. Genauer: eine Art zu leben, Geld zu verdienen und auszugeben, die am 1. Januar 2018 ins Leben gerufen wurde. Elf Mitglieder – die meisten von ihnen leben in Brüssel und arbeiten im Kunstbereich oder für Nichtregierungsorganisationen – zahlen ihr gesamtes Einkommen auf ein Bankkonto ein. Alle Kosten werden über dieses Konto gedeckt. Das beinhaltet Einnahmen durch Arbeit, staatliche Unterstützung, Mieteinkünfte oder kleine Nebeneinkommen und deckt Ausgaben wie Miete, Kredite, Lebensmittel, Nebenkosten, Kleider, Schulgebühren für Kinder, Hobbys – also alle Ausgaben, die im Alltag anfallen können. Von Anfang an haben wir beschlossen, keine Regeln festzulegen. Es gibt keine Liste der Dinge, für die wir Geld ausgeben dürfen oder eben nicht. Wir überprüfen die Ausgaben der anderen nicht und urteilen nicht über Lebensentscheidungen. Wir setzen auf radikales Vertrauen. Das funktioniert, indem wir uns jede Woche zum Frühstück treffen. Dieser einfache Vorgang – sich zu verpflichten, sich ein Mal die Woche zu treffen und so verbunden zu bleiben mit dem, was im Leben der anderen los ist – fördert die gegenseitige Unterstützung. Ganz simpel: Es hilft mir zu verstehen, was ich anderen ermögliche und wie sie wiederum mir mein Leben ermöglichen. Ein gemeinsames Portemonnaie zu teilen, ist eine Erfahrung, die mein Leben verändert hat. Ich habe meine eigenen Annahmen in Bezug auf Geld, Ausgaben, Bedürfnisse und Wert erkannt und hinterfragt. Oft war ich konfrontiert mit einem Misstrauen gegenüber mir selbst und der Sorge über die Meinung der anderen – sind meine Entscheidungen es »wert«, getroffen zu werden? Aber ich war auch verärgert über die Entscheidungen anderer bezüglich ihrer Ausgaben oder ihres Einkommens. Beide Situationen habe ich als Gelegenheit gesehen zu überprüfen, woher diese Gefühle kommen. Besteht ein realer Mangel – oder ist meine Reaktion nur durch tief verankerte gesellschaftliche Muster bedingt? Ich habe verstanden, dass Vertrauen eine kontinuierlich herausfordernde Praxis ist. Es bedeutet jeden Tag Arbeit. Ich musste erkennen, dass mein Misstrauen anderen gegenüber meistens aus mangelndem Vertrauen zu mir selbst resultierte. Radikales Vertrauen innerhalb und außerhalb des gemeinsamen Portemonnaies zu leben, verändert, wie ich mich zu anderen verhalte – und wie ich anderen und mir in kollektiven Prozessen Raum gebe.

Regeneration und die mehr-als-menschliche Welt

Ausgehend von Beobachtungen im Rahmen meiner künstlerischen Praxis und meiner kuratorischen Arbeit habe ich festgestellt, dass wir in einer extraktivistischen Zeit leben. Ich habe mich daher der mehr-als-menschlichen Welt zugewandt, insbesondere den Pflanzen. Der kolonial-kapitalistische Lebensstil beruht darauf, zu nehmen und zu konsumieren, ohne für Regeneration zu sorgen. Alberto Acosta liefert die umfassendste Definition von Extraktivismus: »die Handlungen, die große Mengen an natürlichen, unverarbeiteten (oder nur bedingt verarbeiteten) Ressourcen entfernen, insbesondere, um sie zu exportieren. Extraktivismus bezieht sich nicht nur auf Mineralstoffe oder Öl. Extraktivismus findet man auch in der Landwirtschaft, der Forstwirtschaft und selbst beim Fischfang […] [Es ist] ein Vorgang des kolonialen und neokolonialen Plünderns und der Aneignung.« Wir verbrennen fossile Energien, primäre Ressourcen und Menschenleben.

Dieses Drama spielt sich nicht nur auf der Ebene der Naturschätze ab, sondern auch in der Kultur und im Kontext unserer (Arbeits-)Beziehungen. Die internationale (Performance-)Kunstszene bildet keine Ausnahme. Institutionen organisieren Festivals zum Thema Klimawandel, aber die Politik, die Themen und die Utopien, die auf der Bühne verhandelt werden, finden sich oft nicht wieder in den (Arbeits-)Bedingungen und Kontexten, in denen die Arbeiten gezeigt werden. Die Kunstwelt führt extraktivistische Praktiken und Machtmissbrauch fort, indem sie aus Künstler:innen und Kunstschaffenden ihre Zeit, ihr Talent und ihre Geschichten quetscht und sie im Falle der Erschöpfung links liegen lässt. Sie plündert Naturschätze, ohne Verantwortung zu übernehmen für die Erneuerung der Ökosysteme und Gesellschaften, derer man sich bedient.

Um zu lernen, das, *was* ich mache, mit dem, *wie* ich es mache, in Einklang zu bringen, habe ich mich den Pflanzen zugewandt. Pflanzen haben viele erfolgreiche Wege gefunden, in dieser Welt radikal anders als Menschen zu existieren. Studien zeigen, dass Pflanzen kollaborativ und großzügig sind, sowohl untereinander als auch speziesübergreifend in Beziehung zu Pilzen, Insekten und Säugetieren. Von den Pflanzen habe ich gelernt, großzügig zu sein, mich zu versichern, dass ich nicht nehme, ohne zu geben und für andere zu sorgen. Es hat mir bewusst gemacht, dass jede kollektive Konstellation ausreichend Diversität erfordert, damit sich alle entfalten können. Mit Pflanzen zu arbeiten, hat mich auch gelehrt, innezuhalten, nicht zu urteilen und zu realisieren, dass andere nie greifbar sind. Dass wir uns nie sicher sein können, ob unsere Handlungen nicht gewaltvoll sind. Die Konsequenz daraus ist, dass ich mich im Rahmen einer Zusammenarbeit regelmäßig versichere, wie es anderen geht, und meine eigenen Annahmen hinterfrage. Auch wenn es schmerzhaft sein mag.

Verwendete Literatur

Acosta, Alberto (2013): "Extractivism and Neo-extractivism: two sides of the same curse", in: *Beyond Development: Alternative Visions from Latin America*, edited by Miriam Lang and Dunia Mokrani, Amsterdam: Transnational Institute.

Neuland erschließen

Hans-Jörg Rheinberger über experimentelle Performativität

Es gibt zwei Trivialvorstellungen des Experiments, die wir beide de-konstruieren müssen, um zu einer interessanteren, produktiveren und reichhaltigeren Auffassung des Experimentierens zu gelangen. Die eine Vorstellung hat lange die traditionelle Wissenschaftsphilosophie domi-niert, sofern diese sich überhaupt mit dem Experiment befasste. Sie besagt, dass ein Experiment wesentlich darauf ausgerichtet ist, eine vor-gefasste und so präzise wie möglich formulierte Hypothese entweder zu bestätigen oder zu widerlegen. Die andere ist vorwiegend im Raum des Politischen und Sozialen angesiedelt und versteht unter Experimentieren ein Herumstochern im Dunkeln, allenfalls das ungenügend bedachte Ingangsetzen eines Prozesses mit ungewissem Ausgang, und ist negativ konnotiert. »Keine Experimente!« ist in konservativen Kreisen zu so et-was wie einem geflügelten Wort geworden.

Was bedeutet es aber, in einem naturwissenschaftlichen Labor zu ex-perimentieren? Beide der genannten Vorstellungen haben zwar im For-schungsprozess gelegentlich ihre Entsprechungen. Es sind aber eher Grenz-fälle, die keineswegs charakteristisch sind für den Experimentiervorgang. Sie verdecken dessen delikate Dynamik viel mehr als sie zu erhellen. Das wissenschaftliche Experimentieren lebt von einem Wechselspiel aus Prä-zision und Unschärfe, das man in seiner zeitlichen Entfaltung betrachten muss und mit den Begriffen des Testens und des blinden Stocherns nicht angemessen erfassen kann. Neues Wissen ist allerdings ein Wissen, das sich nicht antizipieren lässt, es muss in diesem Prozess erst erschlossen werden. In der Gewinnung neuen Wissens, im Erschließen von Neuland liegt aber der Kern des Experimentiervorgangs. Er hat eine Performativität eigener Prägung, die darauf ausgerichtet ist, dem Eintreten epistemischer Ereig-nisse Vorschub zu leisten. Schnürt man die Bedingungen zu eng, so fängt der Prozess an, sich im Kreis zu drehen. Öffnet man den Sack zu weit, so verliert man sich im Terrain des Unverbindlichen, auf dem sich ebenfalls keine epistemisch signifikanten Überraschungen mehr ereignen können.

Ich habe von einer delikaten Dynamik gesprochen. Denn wir haben es mit einem Vorgang zu tun, den man mit einer Gratwanderung vergleichen kann, bei der es keine Treppe gibt, die man hochsteigen kann, sondern bei der man den jeweils nächsten tragfähigen Stein ertasten muss. Man findet das Bild häufiger in der autobiografischen Literatur, etwa bei dem Physiker und Physiologen Hermann von Helmholtz, dem wir bahnbrechende Arbeiten zum Energieerhaltungssatz und zur Sinnesphysiologie verdanken. Um aber einem solchen Pfad zu folgen, ist Vertrautheit mit dem jeweiligen Material vorausgesetzt. Und man muss eine schwebende Aufmerksamkeit entwickeln für die Trajektorie, der man folgt. Fokussiert man den Blick zu sehr, verliert man das Umfeld aus den Augen. Lässt man ihn beliebig schweifen, kommt man aus dem Tritt. Die Art von Performanz, die hier gefragt ist, verlangt also Einlassung und reflexive Distanz zugleich. Am wissenschaftlichen Forschungsprozess kann man diese Doppelbewegung in ihren vielen Variationen gut studieren, hinterlässt er doch in der Regel eine kontinuierliche Papierspur, sei sie nun veröffentlicht oder noch labornah als Protokoll, die ihn gewissermaßen konserviert. Diese kontinuierliche Verdoppelung ist vielleicht eine Eigenheit des wissenschaftlichen Experimentierprozesses, die zugleich seine temporale, rekursive Dimension betont.

Ich möchte aber einen Schritt weitergehen und behaupten, dass eine solche Suchbewegung allen kreativen Prozessen innewohnt, die unser kulturelles Dasein ausmachen. Sie kann jedoch je nach Bereich gänzlich unterschiedliche Formen annehmen. Das Experimentelle in diesem Sinne reicht also weit über den Bereich der Wissenschaften hinaus. Es genauer in den Blick zu nehmen, sei es in der Literatur, den bildenden Künsten, der Musik oder den performativen Künsten generell, scheint mir nicht nur eine lohnende, sondern entscheidende Aufgabe, die bislang kaum im Ansatz in Angriff genommen wurde. Sie könnte der Ausgangspunkt für eine erweiterte Epistemologie sein, die in der Lage wäre, die Wissenschaften und die Künste so aufeinander zu beziehen, dass sie sich zum gegenseitigen Vorteil in ein produktives Gespräch verwickeln ließen, anstatt sich mit inter-, trans- oder postdisziplinären Lippenbekenntnissen zu begnügen.

Erkenntnisse aus der Krise

Bettina Masuch und Matthias Pees im Gespräch über das Produzieren im Ausnahmezustand, die Frage nach Systemrelevanz und postpandemische Perspektiven

Wie hat sich die Pandemie auf die Strukturen ausgewirkt, in denen ihr produziert, welche Herausforderungen, aber auch welche Möglichkeiten sind sichtbar geworden?

BETTINA MASUCH: Die Krise war ein Brennglas, unter dem bestimmte strukturelle Ungleichheiten – von denen wir schon vorher wussten, dass sie existieren – noch stärker sichtbar geworden sind: Das Gefälle zwischen freischaffenden und festangestellten Mitarbeiter:innen, das Missverhältnis zwischen Künstler:innen, die in Europa leben und produzieren, und denen im Globalen Süden. Im Prozess des permanenten Produzierens und Präsentierens hat sich manches kompensieren lassen – aber in dem Moment, in dem der präsentierende Touring-Teil weggefallen ist, bedeuteten diese Schieflagen eine große Herausforderung. Auch in postpandemischen Zeiten werden wir aufgefordert sein, dafür neue Lösungsmöglichkeiten zu finden, Arbeitsmodelle zu überdenken.

MATTHIAS PEES: Ich möchte noch drei Aspekte ergänzen. Ein Problem ist das fast nur produktionsbezogene Einkommen freier Künstler:innen. Auch Ausfallhonorare oder Verschiebungen von Produktionen können nicht darüber hinwegtäuschen, dass pandemiebedingt insgesamt weniger Produktionsmöglichkeiten und damit weniger Mittel zur Verfügung standen und stehen. Hier bräuchte es andere Grundfinanzierungsmöglichkeiten. Der zweite Aspekt: In der Krise erleben wir eine Engführung auf das Nationale. Das gilt für Vakzine, die zuerst der eigenen Bevölkerung verabreicht werden, ebenso wie für Hilfsmaßnahmen, die nur in Deutschland ansässigen Künstler:innen zugutekommen – das widerspricht unserer Arbeitspraxis, die international und transnational ausgerichtet ist und in der wir möglichst gerecht produzieren wollen.

Gab es auch positive Erfahrungen?

PEES: Doch. Das betrifft den dritten Aspekt: die große Imaginationskraft freier Künstler:innen in Bezug auf andere Produktions- und vor allem Präsentationsformen im digitalen, hybriden und interaktiven Bereich. Und dass neue, kreative Arbeitsformen von uns und unseren Geldgebern auch akzeptiert werden, es also nicht mehr heißt: Du bekommst nur Geld, wenn du bei uns auftrittst. Das müssen wir in Zukunft beibehalten, auch nach der Pandemie.

MASUCH: Eine positive Erfahrung ist auch, dass bestimmte kommunale oder regionale Fördermodelle plötzlich aus ihren engen bürokratischen Fesseln gelöst werden konnten, die vielfach noch auf Denkmustern aus den 1980er-Jahren basieren: Im Vordergrund steht immer die Produktion, die sich über das Touring refinanzieren soll. Diese Modelle sind zugunsten flexiblerer Lösungen aufgebrochen worden – in gemeinschaftlicher Suche.

Welche anderen Produktions- und Arbeitsformen sind denn denkbar, um nicht nur im permanenten Output und Touring zu denken?

PEES: Ergebnisoffene Residenzformate. Die Erfahrung, die wir damit machen: Das ist keine Mogelei. Das bewährt sich.

MASUCH: Diese Residenzen führen auch dazu, dass Künstler:innen zum einen in Vorlaufphasen länger an Produktionen arbeiten können. Und dass zum anderen hybride Formate entstehen, die spiegeln, was Lebens- und Arbeitsrealität in einer Zeit der Krise ist. Wir hatten diverse Vorstellungen, bei denen ein Teil der Performer:innen live anwesend war, mit Abständen auf der Bühne, während der andere Teil, wie das Publikum, über Monitor zuge-schaltet war. Es gab Veranstaltungen, die wie eine Zoom-Konfe-renz gestaltet, aber eine Mischung aus Lecture, Performance und Weiterbildung waren.

PEES: Wir alle sind trainiert auf eine maschinengewehrhafte Dy-namik, die das Produzieren nur ergebnisorientiert und nicht pro-zessgeleitet denkt. Das gilt nicht nur für die Verwertenden und Ermöglichenden wie die Produktionshäuser, sondern auch für die Künstler:innen. Hier findet tatsächlich ein Paradigmenwechsel statt, der über die Krise hinaus Bestand haben sollte.

In der Pandemie hat sich in allen Bereichen der Gesellschaft auch die Frage nach Relevanz verschärft. Inwieweit habt ihr eure Produktionen und Strukturen daraufhin überprüft?

MASUCH: Wir sehen ein breites Spektrum an Fragestellungen, die auf die Institutionen zukommen, auf die Fördergeber, zum Teil auf die Künstler:innen. Lange wurde nur diskutiert: Wie relevant ist die künstlerische Arbeit? Mittlerweile rückt die Ethik des Pro-duzierens in den Fokus, Fragen von Diskriminierung, Inklusion, ökologischem Fußabdruck werden genauso wichtig wie das State-ment des Kunstwerks selbst. Die Sorglosigkeit, mit der in vorpan-demischen Zeiten internationale Reisen organisiert wurden, gerät auf den Prüfstand. Nicht missverstehen: Die internationale Arbeit gehört zu unserer DNA, aber wir brauchen eine Reflexion über den CO_2-Abdruck unserer Häuser, über die Ressourcen, die wir verbrauchen, und welche anderen Lösungen und Organisations-formen hier denkbar wären.

PEES: In dem Moment, in dem Kunstschaffende ihre eigene Rele-vanz erklären sollen, werden sie irrelevant. Das hat die Diskussion um den Begriff *Systemrelevanz* zu Beginn der Pandemie gezeigt, der ja in die Zwickmühle führt, sich in den Dienst und Zweck von wie auch immer gearteten Systemen stellen zu sollen. Kunst ist ein Luxus und eine Grundnotwendigkeit der Gesellschaft zugleich – durch diese Ambivalenz wird sie letztlich interessant. Weil sie frei ist, Spielraum hat, Modell sein kann. Unter diesen Bedingungen können Künstler:innen, Kollektive, aber auch Zuschauerschaften zusammenkommen und beispielhaft Gesellschaft ausprobieren – woraus bestenfalls Erkenntnisse entstehen, was in der Wirklichkeit funktioniert und was nicht. Das ist eine Menge Systemrelevanz. Aber freiwillig.

Wie wird, wie sollte das postpandemische Produzieren aussehen? Was ändert sich, was wird Bestand haben?

MASUCH: Wir haben bei unseren digitalen Formaten beobachten können, wie eine Beteiligung des Publikums an den künstlerischen Prozessen zugenommen hat – zum Beispiel über die Kommentarfunktion bei Zoom-Vorstellungen. Ich bin sehr gespannt, in welche Richtung sich diese Partizipation entwickelt. Dass wir zur bloßen Anwesenheit im Zuschauerraum zurückkehren, kann ich mir nicht vorstellen.

PEES: Wir haben mit dem digitalen Programm unterschiedliche Erfahrungen gemacht. Es gab Phasen, in denen ein regelrechter Hype um Tickets für Veranstaltungen im Netz entstand, und andere, in denen die Nachfrage ermüdete. Das digitale Produzieren kostet aber genauso viel wie das analoge. Wir haben mit aufwendiger Technik produziert, unsere Mitarbeiter:innen sind unermüdlich im Einsatz gewesen, die Künstler:innen haben selbstverständlich ihre Gagen bekommen. Um auch weiter digital produzieren zu können, bräuchten wir also zusätzliche Ressourcen – personell, finanziell und auch räumlich. Auf allen Ebenen wäre eine erhebliche Vergrößerung der Kapazitäten vonnöten. Ob das möglich ist, bleibt abzuwarten. Vor allem, wenn nach der Krise – in der kontrazyklisch ja unheimlich viel Geld ausgegeben wurde – das große Konsolidieren beginnt.

Mit welchen zu erwartenden Konsequenzen?

PEES: Wenn der Staat bei seinen sogenannten freiwilligen Leistungen den Rotstift ansetzt, trifft das üblicherweise ja auch uns. Eine weitsichtigere Konsequenz wäre, darauf aufzubauen, was wir in der Krise dazugelernt haben. Wir haben Mechanismen und

Fehlfunktionen unseres bestehenden Fördersystems erkannt und diese in der Not teilweise sehr improvisiert, aber auch effektiv korrigiert. Langfristig brauchen wir aber ein Konzept für den Umstand der Beschäftigungslosigkeit im Bereich der freien darstellenden Künste, wir brauchen eine Form von Grundsicherung, von nicht ergebnisorientierter Bezahlung in Hinblick auf künstlerische Produktion und Prozesse. Dann hätten wir die Chance, dass neue, überraschende Arbeitsweisen Bestand haben. Aber nur dann.

MASUCH: Eine Herausforderung wird sicher auch sein, dass die Ungleichzeitigkeiten, von denen wir anfangs gesprochen haben, sich in Zukunft noch verschärfen werden. Im Moment hoffen wir gemeinsam, an einen Punkt zu gelangen, an dem es heißt: Jetzt ist die Krise vorbei oder bewältigt. Man kann aber davon ausgehen, dass sie in anderen Teilen der Welt noch gar nicht wirklich begonnen hat. Damit verbunden ist wieder die Frage: Wie steht es im internationalen Produzieren um das Verhältnis zwischen Europa und dem Globalen Süden? Was bedeutet die Krise für die vielen Künstler:innen, mit denen wir arbeiten, für ihre Arbeitszusammenhänge in den jeweiligen Ländern? Wir werden sehen, welche Verschiebungen sich diesbezüglich ereignen.

Das Gespräch fand am 1. 7. 2021 via Zoom statt.

Bettina Masuch leitete seit der Spielzeit 2014/15 als Intendantin das tanzhaus nrw in Düsseldorf. Im Herbst 2022 übernahm sie die künstlerische Leitung am Festspielhaus St. Pölten.

Matthias Pees war seit 2013 Intendant und Geschäftsführer des Künstler*innenhauses Mousonturm in Frankfurt am Main. Im Herbst 2022 wurde er Intendant der Berliner Festspiele.

PRAXIS

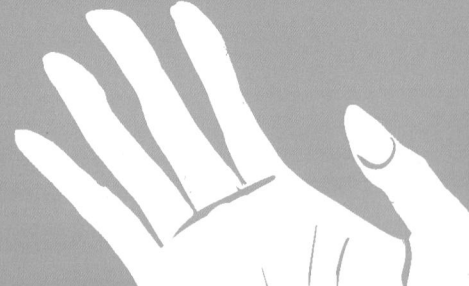

Mehr Nähe auf Distanz

Christian Rakow im Gespräch mit Sirwan Ali (Kampnagel Hamburg), Dana Bondartschuk (HELLERAU, Dresden), Ann-Charlotte Günzel (PACT Zollverein, Essen), Anna Wagner (Mousonturm, Frankfurt am Main) und Lars Zühlke (HAU Hebbel am Ufer, Berlin) über neue Perspektiven des digitalen Produzierens

Das digitale Produzieren gewinnt an Bedeutung. Welchen Einfluss hat das auf die Arbeitsweisen, welche neuen Schnittstellen entstehen zwischen den Gewerken der Produktionshäuser?

Ich möchte zum Einstieg reihum die Ausgangslage abstecken: Zu wie viel Prozent hat sich Ihr Arbeitsfeld durch den Digitalisierungsschub in der Corona-Pandemie verändert?

SIRWAN ALI (Videotechnik/Creative Development, Kampnagel Hamburg): Ich schätze mal 70 Prozent. Ich bin verantwortlich für die videotechnische Koordination auf Kampnagel. Früher haben wir nur Shows gefahren, Beamer installiert und mit Software zum Beispiel Mappings realisiert. Während der Corona-Pandemie entstanden auf einmal sehr viele Livestreams. Inzwischen haben wir die [K]toGo-App entwickelt, in der Orte auf dem Kampnagel-Gelände mit virtuellen Performances verknüpft werden. Also eine Augmented-Reality-App.

ANNA WAGNER (Dramaturgie, Künstler*innenhaus Mousonturm, Frankfurt am Main): Meine Arbeit hat sich vielleicht zu 40 Prozent verändert. Ich bin als Dramaturgin weiterhin für die Spielplangestaltung zuständig und entwickle mit Künstler:innen Projekte. Neu sind Fragen wie: Welche Formate sind möglich? Was heißt eigentlich Vermittlung? Und der Bereich »Reisen« hat sich natürlich verändert. Ich bin normalerweise sehr viel international unterwegs. Seit einem Jahr arbeite ich im Prinzip von zuhause, sichte verstärkt Videos oder begleite die Probenarbeit von Gruppen über digitale Kommunikationswege.

ANN-CHARLOTTE GÜNZEL (Leitung Kommunikation, PACT Zollverein, Essen): Die Kommunikation hat sich vielleicht zu 30 Prozent verändert und neu gestaltet. Mit der Verlagerung hin zur digitalen Produktion mussten wir neue Distributionswege finden. Denn natürlich fiel die Auslage von Drucksachen, etwa in Kneipen oder Theatern, weg. Zugleich erreicht man online ein deutlich internationaleres Publikum, das erfordert neue Wege der Kommunikation. Auch rechtliche Fragen stellten sich anders als zuvor.

LARS ZÜHLKE (Verwaltungsleitung, HAU, Berlin): Ich bin als Verwaltungsleiter am HAU zuständig für die Bereiche Finanzen, Personal, Rechtliches und Organisation. Ich würde sagen, es ist im letzten Jahr nichts an Inhaltlichem weggefallen, aber viel dazugekommen – von den Rechtefragen im Streaming bis zu den Hygienekonzepten. Und vieles, was es ohnehin schon gab, nimmt deutlich mehr Zeit in Anspruch. Insofern arbeite ich gefühlt 50 Prozent mehr zurzeit.

DANA BONDARTSCHUK (Produktionsleitung, HELLERAU, Dresden): Ich liege in meiner Position als Produktionsleitung bei vielleicht 70 Prozent Veränderung. Es hat sich viel in die Herstellung von Streams und Videos verlagert, wo Prozesse und Abläufe anders sind, auch in der Planung einer Organisation.

Wie hat sich die konkrete Zusammenarbeit mit Künstler:innen verändert? Welche digitalen Tools haben sich als nützlich erwiesen?

WAGNER: Wir arbeiten am Mousonturm ja viel mit internationalen Künstler:innen, wie Eisa Jocson aus den Philippinen, zusammen. Vor der Pandemie haben wir immer mal wieder geskypt, E-Mails gewechselt und uns super konzentriert für zehn Tage vor Ort gesehen. Jetzt hat sich der Kommunikationsrhythmus über die Konferenztools wie Zoom und vMix intensiviert. Da ist eine

Nähe auf Distanz entstanden. In meinem Training als Dramaturgin wurde mir früher immer gesagt: Kopräsenz ist so wichtig, du kannst überhaupt kein Feedback geben, wenn du nicht physisch anwesend bist. Tatsächlich ist es jetzt eine andere Form des Arbeitens. Aber dadurch wird auch sehr viel gewonnen. Durch die Kontinuität, durch die Einfachheit, mal abends noch für eine Stunde in eine Probe zu sneaken. Es hat eine Alltäglichkeit bekommen, und ich finde, das ist zukunftsweisend, vor allem im Austausch mit internationalen Künstler:innen, die nicht vor Ort arbeiten.

GÜNZEL: Ich sehe ähnliche Vorteile wie Anna in den Konferenztools: Unsere Resident:innen auf PACT haben immer die Möglichkeit, in Showings ihre Arbeit zu zeigen und mit dem Team darüber ins Gespräch zu kommen. Damit das weiterhin ging, haben wir Livestream-Technik aufgebaut. Dadurch hatten das Team im Homeoffice, aber auch externe Partner:innen der Künstler:innen die Möglichkeit, sich dazuzuschalten. Das kann man beibehalten.

BONDARTSCHUK: Dadurch, dass es so alltäglich geworden ist, sich in Videokonferenzen zusammenzuführen, kann man tatsächlich sehr viel klarere und genauere Absprachen treffen als per E-Mail oder Telefon. Die Kommunikation ist viel direkter geworden.

Wird es künftig so sein, dass man Künstler:innenkontakte physisch anbahnt und dann aber mit solchen Livestream-Sessions kontinuierlicher pflegt?

WAGNER: Es ist wahnsinnig schwer, Erstkontakte mit Künstler:innen herzustellen, ohne dass man sich physisch trifft. Und aktuell ist die Situation ja überall sehr unterschiedlich.

Die Kolleg:innen in Manila oder in Brasilien sitzen noch im Lockdown. Finanziell ist es schwierig, Covid ist noch präsent. Es gibt Isoliertheit und große Angst. Da stellt sich die Frage, wie man diese emotionalen Momente, das Zwischenmenschliche jenseits der Arbeit kanalisieren kann. Dafür braucht es noch eine Form.

GÜNZEL: Ich denke, das ist der entscheidende Punkt. Es geht beim Digitalen nicht nur ums Zeigen, sondern darum, dass eine ganz andere Vernetzung auch unter den Künstler:innen stattfindet. Stichwort #TakeCareResidenzen: Wir haben wöchentliche Assemblys angeboten, die von den Künstler:innen auch stark angenommen wurden, die sich dort über ganz konkrete Probleme austauschen. Und das ist ein Gedanke, den wir auf jeden Fall noch stärker in unser Programm tragen werden. Dass Künstler:innen, die an Symposien oder Workshops teilnehmen, auf diesen Wegen weiterhin in Kontakt bleiben können und hierfür digitale Formate entstehen.

Hat sich während der Corona-Pandemie der Kontakt mit den Stammkünstler:innen der Häuser intensiviert, und Gruppen, die sich eher auf der Umlaufbahn befanden, sind aus dem System gefallen?

GÜNZEL: Unsere Residenzen sind numerisch gleich geblieben. Gleichzeitig kamen die #TakeCareResidenzen und zwei andere Residenz-Formate dazu. Wir haben bei PACT die Kreise also durchaus noch einmal erweitert. Aber natürlich ist neben neuen Impulsen auch der Kontakt zu den Künstler:innen, die uns lange begleiten, kontinuierlich. Durch die Absagen der Bühnenprogramme vor Ort konnten Gruppen die große Bühne intensiver und konzentrierter nutzen – etwa Meg Stuart im Rahmen von technischen Proben für die Arbeit *CASCADE*.

ZÜHLKE: Wir haben am HAU versucht, den Gruppen und Künstler:innen, denen wir Zeiten zugesagt haben, diese für ihre Arbeit auch zur Verfügung zu stellen. So waren die Bühnen bei uns ähnlich belegt, wie sie auch im normalen Spielbetrieb belegt worden wären. Die Online-Formate kamen dann noch extra dazu, wodurch wir eher Raumprobleme hatten statt leerstehender Bühnen.

Es wurde hinter den Kulissen weiter produziert?

ZÜHLKE: Das hat viel mit den Förderstrukturen zu tun. Mittel können oft nur verausgabt werden, wenn auch gearbeitet wird. Und diese Verdienstmöglichkeiten wollten wir den freien Künstler:innen nicht nehmen. Wie Projekte dann abgeschlossen werden können, ob man zum Beispiel ein Ersatzprodukt online zeigen kann, ist noch einmal eine andere Frage.

Die gestreamten Aufführungen gelten jetzt als abgespielt? Sie werden nicht analog noch einmal aufgenommen?

WAGNER: Vielleicht muss man noch mal deutlich machen, was es bedeutet, digital zu produzieren. Das Budget ist nicht geringer als bei normalen Produktionen. Das ist dann mit Abschluss der Arbeit erst einmal aufgebraucht. Und die Künstler:innen nehmen diese Online-Formate sehr ernst. Eine Umsetzung für den analogen Bühnenraum wäre eine richtige Neuinszenierung.

ZÜHLKE: Eine weitere Schwierigkeit liegt in der Vielzahl an freien Beteiligten. Anders als in Stadttheatern mit ihren festen Ensembles können wir gar nicht frei bestimmen, wie wir schieben und wann wir etwas noch einmal präsentieren. Es sind ja auch nicht immer Gruppen, die fest zusammenarbeiten.

ALI: Es ist alles sehr eng getaktet, sowohl zeitlich als auch betrieblich und personell.

Kommen wir von den Produktionsfragen backstage zu den ästhetischen Erfahrungen mit den neuen Digitalproduktionen. Zwei Bereiche sind in der Corona-Zeit aufgebaut worden: zum einen die Mediatheken, die ein Archiv der darstellenden Künste bereithalten. Zum anderen das eigens neu produzierte Netztheater. Welche dieser Entwicklungen halten Sie für zukunftsweisend?

BONDARTSCHUK: Wir haben in Hellerau tatsächlich verhältnismäßig wenig Livestreams gemacht, sondern viele Sachen vorproduziert. Bei der Mediathek kommen die schwierigen Rechtefragen auf. Wie lange darf ein Film online verfügbar sein? Und für wen? Wenn man Musik verwendet, kann es sein, dass man von YouTube gesperrt wird und erst drei Wochen später das Anliegen klären kann, obwohl es eigentlich einen GEMA-Pauschalvertrag mit You-Tube gibt. Unsere Videos sind nur für eine bestimmte Zeit verfügbar.

ZÜHLKE: Was uns am HAU interessiert, ist eine eigenständige künstlerische Arbeit für den digitalen Raum, nicht ein bloßes Abfilmen und Onlinestellen von Stücken. Und damit stellt sich auch die Frage nach der Wertigkeit dieser Onlineprodukte. Wollen wir Eintritt dafür nehmen? Oder sind uns Aspekte wie Reichweite und Barrierefreiheit wichtiger? Entwerten wir die Arbeit, wenn wir sie uneingeschränkt online stellen? Gegenüber den Zuwendungsgeber:innen rechtfertigen wir uns über Kennzahlen, was für den Digitalbereich bisher schwer abbildbar ist.

ALI: Die Barrierefreiheit war auch unser Punkt. Es gibt halt Leute, die nicht ins Theater kommen können. Da werden Streams schon bleiben. Ob mit Ticketing oder ohne, weiß ich nicht. Wir haben auf Kampnagel auf Freiwilligkeit gesetzt.

Was hat Sie im Bereich der frisch fürs Netz produzierten Inszenierungen – also des experimentellen Netztheaters im engeren Sinne – überzeugt? Und welche Rolle werden solche Produktionen in den Programmen der Häuser künftig spielen?

GÜNZEL: Wir zeigen im Moment einen Film von Michiel Vandevelde, der mit Drohnen gefilmt wurde, da erlebe ich ein Umdenken im Medium. Man geht eben nicht mehr vom Bühnenstück aus, sondern erstellt ein filmisches Regieskript und denkt die Postproduktion als Teil des Narrativs mit. Die Übertragbarkeit zurück zur Bühnenproduktion ist kaum noch gegeben, es entsteht ein eigenständiges Werk. Spannend war auch die Reflexion des digitalen Miteinanders in einer Arbeit von Forced Entertainment ...

End Meeting For All, 2020, am Beginn der Corona-Pandemie.

GÜNZEL: Genau. Und zur Frage des Anteils: Ich denke, das Digitale wird im Künstlerhaus tatsächlich eher in der Vernetzung und in virtuellen Begegnungsräumen liegen. Als Ort für Symposien und Diskursformate. In unserem öffentlichen Programm wird der Anteil sicher wieder kleiner werden.

BONDARTSCHUK: Ich freue mich ganz ehrlich auf weniger Digitales. Ich habe auch wenige Sachen gesehen, von denen ich sagen würde: Ja, das hat mich komplett überzeugt.

WAGNER: Die großen Entwicklungen werden im Bereich der Arbeitspraxis liegen. Vorstellungsformate liegen dann vielleicht, ich schieß mal aus der Hüfte, noch bei zehn Prozent. Für mich steckt eine Perspektive in den hybriden Formaten, also in der Frage: Wie kann diese Bühnenwelt um andere Welten und andere Zuschauer:innen erweitert werden? Können Performer:innen ganz woanders sein? Sitzen wir vor dem Computer oder können es auch Arbeiten fürs Handy sein? Da ist für mich _jeanne_dark_ von Marion Siéfert eine wirklich emblematische Arbeit – ein starkes Solo für eine Schauspielerin, das im Theater stattfindet, aber durchgehend mit dem Handy gefilmt und parallel auf Instagram gezeigt wird.

ALI: Das Hybride war uns auch in der App wichtig. Es war von Anfang an klar, dass man physisch da sein muss. Jeder, der ins Theater kommt, hat ja sein Handy dabei. Die App ist eine Plattform für künstlerische Interventionen. Wir arbeiten jetzt auch an einer Erweiterung der App, um das verdrängte Kapitel des antikolonialen Widerstands in Hamburg zu erzählen, indem wir die fehlende Erinnerungskultur mit digitalen Mitteln ergänzen.

ZÜHLKE: Wir haben uns schon vor der Pandemie für das Digitale interessiert, zum Beispiel mit dem Themenschwerpunkt »Spy On Me« (2018). Und wir haben jetzt das HAU 4 als digitale Bühne etabliert. Das Digitale wird bleiben. Wir sehen das bewusst als Chance, um neue Publikumsschichten zu erschließen.

Das Gespräch fand am 27.5.2021 via Zoom statt.

Die Regeln des Spiels

Sina Kießling, Producerin von machina eX, über ihr Arbeitsfeld und das Verhältnis zwischen Kollektiven und Institutionen

Im Frühjahr 2015 befand ich mich als Schauspielerin gerade in den Endproben für eine Theaterproduktion am deutschen Stadttheater, als ich einen Anruf der Theaterproduzentin Katja Sonnemann erhielt. Es gäbe da ein junges Theaterkollektiv, das auf der Suche nach einer Produktionsleitung sei. Ich hatte zuvor hier und da vereinzelt Produktionsaufgaben für Künstler:innen und Festivals übernommen, hatte neben meinem Berufsleben ein Fernstudium in Kulturmanagement begonnen und war gerade dabei, mich mehr und mehr von meinem Leben als Schauspielerin zu entfernen und neue Herausforderungen zu suchen.

Das Theaterkollektiv machina eX hatte ich vor einiger Zeit mit Begeisterung am HAU Berlin zum ersten Mal gesehen. Ich mochte das sogenannte Mitspielen von uns Zuschauenden bei der Aufführung. Ich ahnte damals noch nicht, dass dieses »Mitspielen« zum Grundprinzip von machina eX gehört und als partizipatives Game-Theater geschaffen wurde.

Der Bereich der Freien Szene und dessen Produktionsarbeit war für mich absolutes Neuland. Ich kannte bis dato nur die allzu starren Produktionsstrukturen und Abläufe des Stadttheaters und hatte Lust, neues Terrain zu erobern. Ich traf mich mit zwei Akteur:innen von machina eX, Anna Fries und Philip Steimel, in einem Berliner Café. Wir sprachen über die Aufgaben, die es zu bewältigen galt, die Strukturen innerhalb des Kollektivs und die Wünsche der Gruppe, wo es künstlerisch vielleicht einmal perspektivisch hingehen sollte. Natürlich war ich nicht die:der einzige Anwärter:in für diesen Job, aber das Kollektiv entschied sich für mich – und ich mich für sie. Einer meiner wichtigsten Grundsätze für diese Arbeit war und ist bis heute, dass ich selbständig und eigenverantwortlich meine Aufgaben erfüllen kann. Ich verstehe mich als kommunikative Schnittstelle zwischen dem Kollektiv und den Produktionsbeteiligten. Als Ansprechpartnerin für künstlerische und organisatorische Belange befinde ich mich im täglichen Dialog mit dem Kollektiv in den Bereichen Dramaturgie, KBB, Disposition, Finanzen, Steuerfragen und strategischer Planung.

Bei machina eX gab es bereits etablierte Strukturen innerhalb des Kollektivs, welche für meinen Start und das »Einarbeiten« in deren Arbeitsweise anfänglich hilfreich und nützlich waren. Die Gruppe hatte bereits durch ihre künstlerische Ausrichtung auf das partizipative Game-Theater eine Art Nische in der Freien Szene gefunden und damit auch Koproduzent:innen und Partner:innen für die Zusammenarbeit.

Finanzieller Boden und Hürden

Die neuen Herausforderungen für machina eX und mich waren zunächst einmal die personellen Verschiebungen innerhalb der Gruppe, in die ich als Externe kam. Das Kollektiv übernimmt in immer wieder wechselnden Positionen federführend die Arbeit bei den Projekten. In die inhaltliche und künstlerische Entwicklung und Umsetzung neuer Ideen bin ich weniger involviert. Vielmehr gibt es zwischen uns eine Art unausgesprochenen Ablauf für die Planung einer neuen Produktion. An erster Stelle steht oft die Frage, wie die finanzielle Grundstruktur eines Folgejahres ausschaut. Dadurch, dass machina eX seit längerem durch die Senatsverwaltung für Kultur und Europa Berlin gefördert wird, kann das Kollektiv die Fixkosten, die im Laufe eines Jahres entstehen, bereits abdecken. Damit sind aber natürlich noch keine Produktionskosten finanziert. In Absprache mit der Gruppe überlegen wir dann gemeinsam, wer neben unseren langjährigen Partner:innen wie HAU Berlin oder FFT Düsseldorf Teil der Produktion werden könnte. Dabei bilden die künstlerische Idee und deren Umsetzung Schwerpunkt der Überlegungen. Den Erstkontakt stelle ich meist mit unserer Geschäftsführerin Clara Ehrenwerth her. Die potentiellen Partner:innen kommen sowohl aus der Freien Szene als auch aus dem Stadttheater.

Damit schließt sich auch für mich wieder der Kreis – und ich kann das Kollektiv mit den Erfahrungen und Kontakten aus meinem bisherigen Tätigkeitsfeld unterstützen.

Sobald die finanzielle Grundlage zur Erarbeitung einer Neuproduktion besteht, beginnt der klassische Produktionsprozess mit allen Beteiligten.

Natürlich kam es auch schon zum Bruch mit Partner:innen, in beiderseitigem Einvernehmen. Das Theater beendete die Zusammenarbeit aus unterschiedlichen Gründen mit der Gruppe – oder das Kollektiv und ich wollten in keiner Weise eine dauerhaft unterfinanzierte Zusammenarbeit weiter hinnehmen. Die Art und Weise der jeweiligen Kooperation mit unseren Partner:innen wird regelmäßig gemeinsam analysiert und ausgewertet.

Während wir natürlich unsere Arbeit mit den verschiedenen Akteur:innen verbessern und ausbauen wollen, habe ich oft den Eindruck, dass gerade die öffentlichen Träger:innen wie Kulturverwaltungen, Stadttheater oder Museen sich mit ihren eigenen Verwaltungsvorschriften die Zusammenarbeit erschweren und Handlungsabläufe verlangsamen oder verkomplizieren.

Das beiderseitige Unverständnis, beziehungsweise die Unwissenheit über bestimmte Arbeitsabläufe füht leider auch oft zu Missverständnissen und Ärgernissen.

Die Vorschriften des Verwendungsrechts für öffentliche Gelder bauen für das Kollektiv zum Beispiel immer wieder Hürden auf, die den kreativen Prozess verlangsamen. Ärgerlich sind vor allem die Honorarvorstellungen mancher Intendant:innen für Künstler:innen der Freien Szene. In diesen Bereichen wunsche ich mir mehr Transparenz, Verständnis, Austausch und Reflexion der eigenen Praxis.

Das Digitale als Heimat

machina eX benötigt neben dem hohen Anspruch an die technische Umsetzung der Produktionen, an Tools und Fertigkeiten innerhalb des Teams spezielle Voraussetzungen zum Arbeiten.

Dazu gehören besondere Orte, an denen sich die Produktionen entwickeln. Es entstehen überraschende Raumkonzepte im Theater, wie zum Beispiel ein klassisches Filmset, ein digitales Büro, in dem man sich nur virtuell begegnen kann, oder eine alte Tanzschule, die zu einem Großraumbüro umgestaltet wird. Aber auch ein Kellerraum, ein Museumsfoyer in Dessau oder ein alter DDR-Wohnwagen auf einem Parkplatz können zur Bühne der Geschichte werden. Und natürlich ist die digitale Bühne quasi die Heimat von machina eX. Wir hatten im

Jahr 2020, trotz Theaterzwangspause, das große Glück, zwei unserer Game-Theater-Stücke, *Lockdown* und *Homecoming*, digital bei vielen Festivals und Theatern präsentieren zu dürfen.

Und auf einmal war das Digitale im Theater allgegenwärtig.

In meiner eigenen Praxis als Produktionsleiterin oder Produzentin (dieser Begriff scheint immer noch nicht einheitlich zu sein) stehen an erster Stelle für mich die Verbesserung der Arbeitssituation der Künstler:innen, die Schaffung einer transparenten, produktiven und nachhaltigen Arbeit innerhalb des Kollektivs und die Kommunikation miteinander. Für uns alle ist diese Arbeit, ob nun auf oder hinter der Bühne, schließlich auch Lebenszeit.

»Ein Riesenspektrum
an Tätigkeiten«

Anja Quickert im Gespräch mit Sascha Sulimma und
Caroline Farke von andcompany&Co. über die Dynamik
zwischen Producerin und Künstler:innen

andcompany&Co. arbeitet nun seit über 18 Jahren in der
Freien Theaterszene. Was war eure Motivation, frei zu produzieren, und was hat das mit eurem künstlerischen Selbstver-
ständnis zu tun?

> SASCHA SULIMMA: Uns war von Anfang an klar, dass wir einer-
> seits als Gruppe in einem verbindlichen Zusammenhang gemein-
> sam Theater machen wollen – also die Gründungsmitglieder Ni-
> cola Nord, Alexander Karschnia und ich. Andererseits war für uns
> immer selbstverständlich, dass sich je nach Kontext verschiedene
> Konstellationen von Künstler:innen zusammenfinden. Damit ha-
> ben wir uns automatisch in einem freien Produktionszusammen-
> hang verortet, weil diese kollektive Arbeitsstruktur in etablierten
> Institutionen nicht realisierbar ist. Anfangs haben die jeweils ko-
> produzierenden Spielstätten die Produktionsleitung übernommen,
> weil wir noch keinen eigenständigen Produktionszusammenhang
> entwickelt hatten. Erst 2007, nachdem uns das Berliner HAU eine
> langfristige Zusammenarbeit als Spielstätte angeboten hatte, ha-
> ben wir unsere eigenen Produktionsstrukturen schrittweise profes-
> sionalisiert: Heute haben wir ein Büro, zwei Lagerstätten und ein
> Repertoire an Stücken, mit denen wir touren; Rahel Häseler arbei-
> tet als festangestellte Mitarbeiterin im Bereich Administration/Öf-
> fentlichkeitsarbeit; Caroline Farke ist unsere festassoziierte freie
> Managerin und Produktionsleitung.

CAROLINE FARKE: Aus dieser Perspektive begreife ich die Arbeit mit andcompany&Co. als Befreiung. Für mich war das eine ganz klare Entscheidung: für eine andere Arbeitsstruktur und damit für eine andere Art von Producer-Tätigkeit. In den fünf Jahren, in denen ich bei den Berliner Festspielen für die Organisation eines Festivals angestellt war, habe ich gelernt, dass man mit so einem riesigen Apparat natürlich durch die Infrastruktur, die finanziellen Mittel und Ressourcen große Projekte realisieren kann, die man in der Freien Szene nicht so einfach umsetzen könnte. Aber mich interessiert an meiner Producer-Tätigkeit speziell das künstlerische Arbeiten: Wie kann ich künstlerische Prozesse möglich machen, indem ich bestimmte Rahmenbedingungen schaffe? Dabei ist mir vor allem der enge Austausch mit den Künstler:innen wichtig: Wo seid ihr gerade dran? Wen oder was brauchen wir, um diese Idee zu realisieren? Größere Strukturen drängen einen stärker in den administrativen Teil der Arbeit. Man rückt weiter weg von dem, worum es eigentlich geht: nämlich die Kunst zu supporten. Nach den Erfahrungen an den Festspielen hatte ich also nicht nur das Bedürfnis, meine Zeit freier einteilen zu können, sondern vor allem die Sehnsucht, meine eigene Arbeit wieder enger mit der Kunst zu verzahnen.

Besteht der Unterschied, den du beschreibst, also darin, dass du in flexiblen Arbeitsstrukturen auf Produzent:innen-Seite auch kreativ tätig bist und Strukturen erfindest?

FARKE: Der Job einer Produktionsleitung beinhaltet ja ein Riesenspektrum an Tätigkeiten – aber natürlich suche ich immer auch den Gestaltungsspielraum. Wie kann man für ein Event, für eine bestimmte Arbeit oder einen Arbeitsprozess einen ganz spezifischen Rahmen schaffen? In einer kleinen Struktur wie andcompany&Co. kann man schnell und flexibel auf einen künstlerischen Bedarf reagieren, Dinge umsetzen, Strukturen anpassen. Abgesehen davon, ist es etwas völlig anderes, eine Produktion ab dem Moment ihrer Konzeption, der Antragstellung bis hin zur Premiere zu begleiten und nicht nur einen Ausschnitt. Man verfolgt den Prozess ja nicht nur, sondern gestaltet ihn eben auch mit.

Für andcompany&Co. sind kollaborative Arbeitsbeziehungen mit anderen Künstler:innen programmatisch. Was macht diese Dynamik mit der Gruppenstruktur – nicht nur inhaltlich, sondern auch strukturell?

FARKE: Die personelle Besetzung des künstlerischen Teams richtet sich nach dem Konzept, nach der jeweiligen künstlerischen Idee. Es hat sich, zum Teil über langjährige Arbeitsbeziehungen, ein Pool von Leuten gebildet, die immer wieder mitarbeiten, andere stoßen für ein bestimmtes Projekt dazu – nicht als Dienstleister:innen, sondern als eigenständige Künstler:innen, die neue Impulse, Techniken, Energien und künstlerische Strategien in die Arbeit einbringen. Einerseits existiert ein gemeinsamer Erfahrungsschatz, auf den man zurückgreifen kann, gleichzeitig muss man jedes Mal wieder neu herausfinden, wie diese Arbeit funktioniert, wenn man kollaborativ arbeitet – das ist immer auch eine Herausforderung.

In einem Positionspapier freier Gruppen von 2019 habt ihr euch als »Institution ohne Haus« bezeichnet. Warum?

SULIMMA: Unsere Company wird als Projekt gefördert und bezeichnet – das erzeugt ein falsches Bild: Wir arbeiten – eben wie eine Institution – in einem größeren Zusammenhang und projektübergreifend kontinuierlich an unserer Vorstellung von Theater. Durch unsere vierjährige Konzeptförderung als Projektförderung können wir zwar etwas langfristiger planen – und sie hat uns während des Corona-Lockdowns zumindest teilweise abgesichert –, aber sie hat unsere Arbeitsstruktur und Fördersituation nicht grundsätzlich verändert: Wir müssen weiterhin regelmäßig zusätzliche Projektanträge stellen, um die geplanten Stücke auch wirklich realisieren zu können. Dadurch geht viel Zeit und Kraft verloren.

FARKE: Letztlich geht es uns nach wie vor darum, die Freie Szene aus ihrer Prekarität herauszuholen und auch den Generationenaspekt dieser seit nun dreißig Jahren bestehenden Szene zu verdeutlichen. Ab einem gewissen Zeitpunkt betreffen die Konsequenzen auch Kinder und die fehlende Altersabsicherung. Diese Verletzlichkeit hat Corona noch deutlicher sichtbar gemacht. Perspektivisch bräuchte es eine Finanzierung als Institution, vom Land und vom Bund. Diese Förderung für lang existierende freie Ensembles und Künstler:innen ist zwingend notwendig und wird immer dringlicher. Sie müsste sowohl die strukturellen Kosten als auch die künstlerische Arbeit abdecken.

Eine Insel in ökonomisch rauer See

Doris Meierhenrich im Gespräch mit Sandra Klöss vom freien Kulturbüro »ehrliche arbeit«

Die Szene der freien darstellenden Künste ist seit den 1990er-Jahren beständig gewachsen, ebenso die Fördertöpfe, während die Lage der Künstler:innen meist prekär blieb. Drei Frauen mit ersten Erfahrungen in dramaturgischer und organisatorischer Arbeit gründeten 2006 das freie Produktionsbüro »ehrliche arbeit« in Berlin, heute ein zehnköpfiges Kollektiv.

Lag es damals in der Luft, ein solches Produktionsbüro zu gründen?

SANDRA KLÖSS: Wir redeten uns damals nicht ein: Uns braucht jetzt die Szene! Aber es gab zweifellos erhöhten Bedarf. Auch von Seiten der Kulturverwaltung war gewünscht, Wege zu finden, wie sich die Freie Szene »professionalisieren« kann. Wir persönlich aber fanden zuerst einmal, dass es viel zu viele Einzelkämpfer:innen gab. Zu fünft kann man einfach besser und sozial sicherer arbeiten. Unsere Grundidee war daher, einen gemeinsamen Arbeitsraum zu schaffen. Schnell teilten wir dann aber nicht nur Infrastruktur, sondern auch Wissen. Und in Analogie zu vielen Künstler:innen-Kollektiven versuchten wir uns kollektivistisch zu organisieren.

Inwiefern kollektivistisch?

Als Zusammenschluss freier Gesellschafter:innen gaben wir uns die Regeln: Alle sind gleichberechtigt, keine Hierarchien – und alle beziehen das gleiche Gehalt. Das ist die Binnenordnung unseres Büros. In der Projektarbeit aber arbeitet jede:r völlig individuell mit den je eigenen Künstler:innen, wobei auch zwei oder drei von uns gemeinsam ein Projekt oder eine Gruppe betreuen. Verpflichtet sind wir ja zuerst den Künstler:innen gegenüber. Sie sind unsere Auftraggeber:innen, die auch die Fördergelder bekommen, aus denen unsere Honorare stammen. Mit der Kollektivstruktur versuchen wir intern so etwas wie Sicherheiten eines Angestelltenverhältnisses zu simulieren.

Die Förderprojekte sind doch ganz unterschiedlich groß, trotzdem ein Einheitslohn?

Das ist das Wichtigste und eigentlich Kollektivistische bei uns: Es ist egal, ob ein:e Gesellschafter:in 40 000 Euro oder 100 000 Euro im Jahr einbringt. Alles kommt in einen Topf, unser Jahresbudget, und jede:r bekommt monatlich den gleichen Anteil ausgezahlt. Auch unabhängig davon, wie viel Arbeitszeit jemand leisten kann. Das meint »simulieren« von Arbeitnehmer:innen-Sicherheiten. In der ökonomisch rauen See der Freien Szene versuchen wir, eine Insel zu schaffen, auf der das Arbeiten so sicher und angenehm ist wie möglich.

Haben Sie auch Förderprinzipien kollektivistischer Art?

Nein. Jede:r sucht die Künstler:innen danach aus, ob sie/er diese künstlerisch interessant findet. Das ist natürlich hochgradig subjektiv. Doch wenn man mit jemandem vom Antrag bis zur Abrechnung zusammenarbeitet – mit den meisten kollaborieren wir über viele Jahre –, dann ist es wichtig, dass man mit der Kunst etwas anfangen, sich auch gut darüber verständigen kann. Eine Rückbindung an das Kollektiv gibt es dabei nicht, auch wenn theoretisch ein Vetorecht besteht, da ja immer das ganze Büro namentlich für eine Zusammenarbeit steht. Es wurde aber noch nie genutzt. Ein weiterer Grundsatz bei uns ist: möglichst viel Spaß bei möglichst wenig Entfremdung! Wir wollen, dass jedes Projekt fair, transparent und in gutem zwischenmenschlichen Umgang passiert. Deshalb bevorzugen wir natürlich schon Künstler:innen, deren emanzipatorische, gesellschaftskritische Ansätze wir teilen.

Die großen Produktionshäuser produzieren ja ebenfalls freie Projekte. Was machen Sie anders?

Die Produktionshäuser bekommen, anders als wir, neben ihrer infrastrukturellen Förderung ja ein eigenes Produktionsbudget, auch wenn sie auf die Gelder der Künstler:innen angewiesen bleiben. Erstmal müssen die Häuser aber ihre eigenen Strukturen damit bedienen und können dann, etwa in Form von Festivals, Projekte in Gang setzen. Demgegenüber gibt es viele Gruppen, die keine exklusive Bindung an ein Haus haben – und da kommen wir ins Spiel. Durch eine Art Symbiose mit einer Gruppe helfen wir ihr, eine autarke, eigene produktionstechnische Infrastruktur aufzubauen. Punktuell kann sie damit dann an Spielstätten andocken, prinzipiell aber ist es sinnvoll, dass die Produktionsleitung beständig in der Gruppe bleibt. Als Zuwendungsempfängerin ist die Gruppe ja auch allein haftbar. Wir stärken ihre Autonomie, sehen uns aber nicht in Konkurrenz zu den Produktionshäusern.

Sie verorten sich in den Gruppen?

Wir sind Teil der Infrastruktur einer Gruppe. Bei Monster Truck zum Beispiel, mit denen ich seit 2010 zusammenarbeite, würde ich mich Teil der Infrastruktur nennen. Wenn sie eine Idee haben, höre ich mir die an, gebe ein Feedback und lektoriere den Antrag. Sobald das Projekt gefördert wird, machen wir einen Finanzplan. Das Herzstück jeder Produktionsleitung bei uns ist die finanzielle Geschäftsführung – es gibt einfach so viele Regeln bei den Fördermitteln. Je nachdem kommt die Kommunikation hinzu oder auch Organisation: Probenplanung, Raumbeschaffung. Aber selten machen wir alles. Wir arbeiten passgenau.

Verantwortung und Flexibilität

Zwei Perspektiven auf nationales und internationales Produzieren: Dóra Büki aus Ungarn und Tamiko Ouki aus Japan im Porträt

Von Esther Boldt

Wer ergreift den Beruf des oder der Produzent:in? Und wie verlaufen Karrieren in diesem Berufsfeld – auch international? In den Gesprächen mit Dóra Büki aus Ungarn und Tamiko Ouki aus Japan wird rasch klar: Produzent:in, das ist kein Ausbildungs- und Wunschberuf. Es ist ein Beruf, in den man hineingerät, aus Affinität zum Theater – und wenn man über das entsprechende administrative Geschick und ökonomische Verständnis verfügt.

Dóra Büki, heute Geschäftsführerin und Produzentin der freien Theatergruppe Proton Theatre in Budapest, war zunächst eine passionierte Zuschauerin. Eine Verwandte nahm sie mit ins József-Katona-Theater, und Büki war sofort fasziniert. In den drei darauffolgenden Jahren sah sie je hundert Theatervorstellungen pro Jahr und beschloss, ihre Passion zum Beruf zu machen.

So bewarb sie sich 2003 bei Árpád Schillings international renommierter Gruppe Krétakör und arbeitete hier in den Folgejahren in verschiedenen Bereichen. Wenig später lernte sie den Filmregisseur Kornél Mundruczó kennen, der gerade begann, auch Theater zu machen. Es war nicht ihr Ziel, Produzentin zu werden, »aber ich bin neben ihm Produzentin geworden«. 2009 gründeten beide die Gruppe Proton Theatre. Büki entwickelte eine Struktur, die Mundruczós künstlerische Arbeit stützt und ermöglicht. Beide verbindet ein gewachsenes Vertrauensverhältnis: »Kornél verlässt sich auf mich und weiß, dass ich weiß, was er und wie er es haben möchte.« Dabei muss Büki die Ensemblestruktur stets flexibel auf die jeweilige Situation anpassen – die alles andere als zuverlässig ist.

»In Ungarn wird keine freie Theatergruppe kontinuierlich unterstützt«, erzählt sie, »wir müssen uns jedes Jahr neu um Förderung bewerben.« Zurzeit erhalten sie etwa 30 000 Euro im Jahr, ein Defizitgeschäft bei einer Theatergruppe, die technisch höchst aufwendige Inszenierungen stemmt und etwa dreißig Personen beschäftigt. In Ungarn spielt sie meist im Trafó House of Contemporary Arts Budapest. Für die Proben muss Proton Theatre Lagerhallen anmieten, ebenso wie die gesamte Veranstaltungstechnik. Die Karteneinnahmen decken nur etwa die Hälfte der Kosten, den Rest übernehmen Spielstätte und Theatergruppe zu gleichen Teilen.

Möglich wird dieses eigentlich defizitäre Arbeiten erst durch internationale Gastspiele und Koproduktionen. »Aus ungarischen Mitteln allein können wir keine neue Produktion machen«, stellt Büki klar. Zu ihren Koproduktionsstätten zählen die Wiener Festwochen, das HAU Hebbel am Ufer, Berlin, das Kunstenfestivaldesarts, Brüssel, und HELLERAU, Dresden. Ihre bildstarken Inszenierungen reisen weltweit und waren in den letzten Jahren unter anderem bei Festivals in Avignon, Wien, Seoul und Singapur zu sehen. »Eigentlich sollte es unmöglich sein, auf dieser Grundlage längere Zeit zu arbeiten, aber irgendwie hat es immer funktioniert.«

Im Gespräch wirkt Büki offen, engagiert und zugewandt, zugleich allerdings auch resigniert. Denn politisch ist die Lage für freie Theatergruppen in Ungarn seit Jahren angespannt. Unter der nationalkonservativen Fidesz-Regierung von Viktor Orbán ist Kultur unter Druck geraten, soll in die Bedeutungslosigkeit getrieben werden. »Die Freie Szene ist zwar klein, kann aber viel bewegen«, hält Dóra Büki dagegen. »Sie kann ihre Stimme im Land selbst, zum Beispiel bei Protesten, hörbar machen, ebenso wie im Ausland, denn mehrere der freien Gruppen gehen regelmäßig auf Gastspiele. Viel öfter als die Staatstheater mit einem festen Ensemble und Unterstützung.« Diese künstlerische Kritik wird nicht gern gesehen: Árpád Schilling wurde 2017 zum »potentiellen Vorbereiter staatsfeindlicher Aktivitäten« erklärt, heute lebt er mit seiner Familie in Frankreich. Der Schauspieler, Regisseur und Autor Viktor Bodó hat seine freie Gruppe aufgegeben – und arbeitet wie Schilling meist im Westen. In der öffentlichen Wahrnehmung, berichtet Büki, komme Kultur immer weniger vor.

Trotz ihrer eigenen prekären Situation versuchen Büki und Mundruczó, Verantwortung für ihre Mitarbeiter:innen zu übernehmen. Neben Büki selbst gibt es zwei weitere Festangestellte mit jeweils einer halben Stelle im administrativen Bereich, darüber hinaus haben vier weitere Mitarbeiter:innen einen Rahmenvertrag und erhalten monatliche Zahlungen – unter ihnen auch die Schauspielerin Lili Monori. »Sie ist eine der größten Schauspielerinnen Ungarns, und es ist eine Ehre für uns, sie als festes Ensemblemitglied bei uns zu haben. Wegen der Größe unserer Struktur ist sie zwar unser einziges, aber wir sind umso stolzer darauf.«

Da die staatliche Förderung nur etwa 10 bis 20 Prozent ihres Budgets ausmacht und die Gastspiele im Ausland aufgrund der Covid-19-Pandemie weitgehend ausgefallen sind, steht Proton Theatre zum Zeitpunkt unseres Gespräches noch prekärer da als sonst. Nun hängt alles davon ab, ob die nächste internationale Koproduktion zustande kommt. »Der Schlüssel ist«, sagt Büki, »dass wir unsere Arbeitsweise immer wieder verändern, egal wie ermüdend das sein mag.«

Wegweisende Projekte

Auch Tamiko Ouki hat gelernt, sich fortwährend auf Veränderungen einzustellen – oder diese aktiv mit voranzutreiben. Schließlich heißt die Produktionsfirma, für die sie seit 2008 arbeitet, Precog – vom Englischen *precognition*, was so viel heißt wie »Vorauswissen zukünftiger Vorgänge«. Auch Ouki kam als Quereinsteigerin ins Feld, nachdem sie Precog-Gründerin Akane Nakamura kennenlernte. »Ich sympathisierte mit ihrem disziplinübergreifenden Zugriff, wenn sie es mit radikal zeitgenössischem Tanz und Theater zu tun hatte, mit ihrem Bestreben, die Grenzen zum Publikum niederzureißen und zugleich ›anders aussehende‹ und ›unverständliche‹ Ausdrucksformen wertzuschätzen«, erzählt sie. Sie habe das starke Bedürfnis gehabt, sich an diesem Prozess zu beteiligen und Theaterformen, die sie interessierten und bewegten, in die Welt zu bringen.

Precog wurde 2006 gegründet, um zeitgenössische, wegbereitende Performing Arts zu produzieren. Die Plattform arbeitet unter anderen für den international bekannten Regisseur Toshiki Okada und seine Gruppe chelfitsch, deren Produktionsleitung Ouki seit 2010 innehatte. Zudem betreibt Precog ein Probenstudio, bietet Management und PR für Kunstfestivals an und orientiert sich zunehmend auch in Richtung Bildung und Gemeinwohl. Sie wolle nicht nur wegweisende Projekte gesellschaftlich voranbringen, erzählt Ouki, sondern auch auf breiter Ebene ihren Anteil dazu beitragen, Kunst und Leben einander näherzubringen.

Heute ist Ouki nicht mehr als Produktionsleitung tätig, sondern fungiert als Chief Producer des Artist Department. Sie kümmert sich um den gesamten Produktionsprozess, um Touring, Ticketverkäufe, Budgetmanagement, PR. Mit ihren acht Mitarbeiter:innen realisiert sie etwa zehn Projekte im Jahr. Doch Ouki versteht sich nicht nur als Interessenvertreterin der Künstler:innen, sondern möchte auch explizit in Beziehung zu dem Publikum vor Ort treten. In den Jahren, als sie mit Toshiki Okada international tourte, habe sie nicht nur ihr Verständnis seiner Arbeit in der direkten Auseinandersetzung vertiefen können, sondern auch gelernt, das Publikum zu verstehen und zu analysieren, »die Festivals, Theater und anderen Partner, mit denen ich arbeite«.

Es geht für sie auch darum, die Gesellschaft, in der sie und das Publikum leben, zu kennen und zu reflektieren. »Es ist wichtig zu wissen, was ein:e Künstler:in möchte und braucht, aber es ist nur ein Teil der Arbeit der Produzentin.« Sie beschäftige sich viel damit, wie sie dem Publikum etwas vermitteln, »neue und unerwartete chemische Reaktionen schaffen« kann. Auch hierfür sei die Perspektive der Produzentin wichtig. »Es kann sehr unterschiedlich sein, wie ein und dieselbe Arbeit rezipiert wird, der Grad des Verstehens ist abhängig vom Kontext, vom Publikum und von der Sprache. Ich denke, das ist einer der aufregendsten Aspekte internationalen Produzierens.«

Auch für Precog wirken erst Koproduktionsnetzwerke und internationale Gastspiele existenzsichernd. Denn die Öffentliche Förderung in Japan konzentriert sich auf Produktionsförderung, es gibt wenig Mittel für den laufenden Betrieb, »das ist ein Problem«, so Ouki. Zwar steige die Förderung im Laufe der Zeit durchaus an, doch gerade für junge Künstler:innen sei es schwierig, im Feld Fuß zu fassen. Auch gebe es nur wenige Kompanien in Japan, die von internationalen Netzwerken profitieren könnten. Um auch jüngeren Künstler:innen diese Türen zu öffnen, braucht es Produzent:innen wie Ouki, die über eine internationale Perspektive verfügen. Zugleich betont sie die Notwendigkeit, neue Formen internationaler Koproduktion zu schaffen. Zumal die Pandemie die Schwächen des Systems aufgezeigt hat: Wenn Künstler:innen nicht mehr reisen dürfen, haben sie in vielen Teilen der Welt kaum mehr Möglichkeiten, ihre Arbeit zu finanzieren. Hier besteht, da sind sich Ouki und Büki einig, Veränderungsbedarf.

Was sich lernen lässt

Katja Sonnemann über Ausbildungswege für Producer:innen in den freien Performing Arts

In Deutschland gibt es bisher keine Ausbildung, in der die spezifischen Kompetenzen für das Produzieren in den freien Performing Arts vermittelt werden. Es fehlt sowohl eine Möglichkeit, die Grundlagen zu erlernen, als auch ein weiterführendes Angebot, das sich den Entwicklungsmöglichkeiten und umfangreichen Kompetenzen eines Creative Producers in den Performing Arts widmet.

Im Rahmen der verschiedenen Studiengänge in Theater-, Tanz- oder Kulturwissenschaft oder an Hochschulen der szenischen Künste werden einzelne Module oder Kurse zum Projektmanagement angeboten, die aber meist keine klare Perspektive eröffnen, diesen Beruf als einen eigenständigen zu ergreifen.

Auch in den meisten Kulturmanagement-Studiengängen gibt es kein Angebot, das sich auf die Besonderheiten des Produzierens in den Performing Arts fokussiert. Der Masterstudiengang *Theater- und Orchestermanagement* an der HfMDK in Frankfurt am Main und die berufsbegleitende Weiterbildung *Theater- und Musikmanagement* am Institut für Theaterwissenschaft der Ludwig-Maximilians-Universität München in Kooperation mit dem Deutschen Bühnenverein und der Theaterakademie August Everding konzentrieren sich vor allem auf das Vermitteln von Kompetenzen für Leitungspositionen in Institutionen.

Diejenigen, die bereits in dem Beruf arbeiten, haben unterschiedliche Wege beschritten.

Viele haben Studiengänge in den Theater-, Tanz- oder Kulturwissenschaften absolviert, einige ein Kulturmanagement-Studium, andere haben eine Ausbildung zur/m Veranstaltungskauffrau/-mann gemacht. Ein Großteil hat sich die nötigen Kompetenzen durch Learning by Doing bei Praktika oder Tätigkeiten an Produktionshäusern oder bei Festivals, in der Zusammenarbeit mit erfahreneren Kolleg:innen oder durch Workshop-Angebote der Verbände im Bereich Theater und Tanz angeeignet.

Studiengänge – ein Überblick

In einigen anderen europäischen Ländern existieren Studiengänge für Performing Arts Producer. Das hat nicht zuletzt damit zu tun, dass die Tradition des freien Produzierens dort ausgeprägter ist als in Deutschland. Ich nenne im Folgenden ein paar Beispiele ohne Anspruch auf Vollständigkeit. Es ist vielmehr ein Ausschnitt dessen, was an Ausbildungen bereits entwickelt wurde.

DAS Theatre an der *Academy of Theatre and Dance* in Amsterdam bietet sowohl einen vierjährigen *Bachelor Production and Stage Management* als auch einen zweijährigen *Master Creative Producing* an. Der Bachelor hat zum Ziel, Studierende zum Creative Producer, zur Produktionsleiter:in, Stage Manager:in oder Regieassistent:in auszubilden. Es werden Kompetenzen für das Planen, Finanzieren und Organisieren von Projekten in den Performing Arts vermittelt. Das Studium fokussiert sich auf das konkrete Umsetzen künstlerischer Ideen.

Der Masterstudiengang *Creative Producer* am *DAS* existiert seit 2018 und ist ein interdisziplinäres berufsbegleitendes Programm mit internationalem Profil, das sich an Projektleiter:innen, Produzent:innen, Geschäftsführer:innen und Kurator:innen richtet. Ziel ist es, eine eigene Sicht auf die Künste und auf die Gesellschaft zu entwickeln sowie die Beziehung zwischen Kunst und Gemeinschaft, Nachhaltigkeit, Diversität, Unternehmertum, interdisziplinärer Praxis und Politik zu untersuchen. Dem Studiengang liegt das Verständnis zu Grunde, dass neue Wege des Produzierens nötig sind – und Creative Producer Künstler:innen, Communitys und Förderer auf der Grundlage gemeinsamer Werte zusammenbringen sowie mit innovativen, nachhaltigen und inklusiven Methoden Kunstprojekte mit sozialer Relevanz realisieren können. Der Creative Producer wird hier als projektinitiierende Person und Unternehmer:in verstanden.

In England gibt es mehrere Bachelor-Studiengänge *Arts Management*, die eher dem hiesigen Kulturmanagement entsprechen und nicht spezifisch auf den Bereich der Performing Arts ausgerichtet sind. In manchen Drama Departments an Universitäten wird das Produzieren als Teil des Studiums angeboten, so zum Beispiel an den Universitäten von Bristol, Exeter und Warwick. Ein Grundstudium, das sich ausschließlich auf die Grundkenntnisse des Produzierens bezieht, existiert nicht. Masterstudiengänge für Creative Producer gibt es mehrere.

Der *MA Creative Producer* an der *Royal Central School of Speech & Drama* in London existiert beispielsweise seit 2011 und vermittelt Kompetenzen für das Produzieren mit kommerziellen und öffentlichen Mitteln. Im Rahmen des einjährigen Vollzeit-Studiums beschäftigt sich die internationale Gruppe der Studierenden mit Finanzierung und Businessplänen, Marketing und Vermittlung, Leadership und Teamarbeit, Produktion und Tourmanagement sowie dem Kuratieren und Organisieren von Festivals. Kern des Kurses ist es, Kompetenzen zu erlernen, die für den Aufbau eines nachhaltigen eigenen Unternehmens entscheidend sind; dazu zählen einerseits praktische Tools des Produzierens, vor allem aber auch die Reflexion der eigenen Werte und der eigenen Position im Feld. Ähnliche Masterprogramme gibt es zum Beispiel auch an der University of Kent, der Bath Spa University und der Mountview Academy of Theatre Arts.

In Schweden wird an der *Stockholm University of the Arts* der berufsbegleitende Master *Creative Producing and Curatorial Practice* für angehende oder bereits praktizierende Producer:innen angeboten. Ziel des Kurses ist es, den Studierenden ein umfassendes Wissen über die kreativ-produzierende und kuratorische Praxis in den zeitgenössischen skandinavischen und internationalen Performing Arts zu vermitteln und sie dabei zu unterstützen, ihre eigene künstlerische und professionelle Praxis zu kontextualisieren.

Manche französische Hochschule bietet neben allgemeinen Kulturmanagementstudiengängen spezifische Ausbildungsmöglichkeiten für das Management in den Performing Arts an, die sich meist aber auf den organisatorischen und administrativen Aspekt des Berufes und den Bereich Distribution konzentrieren und vor allem auf eine Tätigkeit im institutionellen Kontext zielen. In Belgien ist die Situation vergleichbar mit der hiesigen: Allgemeine Studiengänge für Kulturmanagement gibt es zahlreiche, ein auf das Berufsbild der Performing Arts Producer:in zugeschnittenes Ausbildungsangebot fehlt.

Kulturmanagementstudiengänge gibt es selbstverständlich auch in vielen anderen Ländern. Schnell zeigt sich aber, dass ein Mangel an spezifischen Ausbildungsmöglichkeiten für den Beruf der Producer:in in den freien Performing Arts herrscht – obwohl dieser wegen des international gewachsenen Produktionsdrucks in seiner Funktion immer wichtiger wurde. Da die Unschärfe des Berufs für diejenigen, die ihn ausüben, aber auch zu höherem Druck bei zunehmenden Anforderungen geführt hat, sind in den letzten Jahren einige Initiativen außerhalb des universitären Kontextes entstanden, die als Workshop-Formate gestaltet sind und aus der Praxis heraus entwickelt wurden. Auch diese Liste ist nicht vollständig, sondern nennt zur Veranschaulichung Beispiele, wie auf einen Bedarf reagiert wurde.

Programme und Workshops

Die *Producers Farm* in England existiert seit 2016 und ist eine gemeinsame Initiative von *Fuel, Bristol Old Vic Ferment, Dance Umbrella, In Between Time* und *Coombe Farm Studios.*

Das einwöchige Residenzprogramm findet im ländlichen Raum statt und ist eine Möglichkeit für Producer:innen mit zehn bis fünfzehn Jahren Berufserfahrung, sich untereinander über ihre Praxis auszutauschen und von erfahrenen Kolleg:innen zu lernen. Initiiert wurde sie aus dem Wunsch heraus, diejenigen zu unterstützen, die sonst Künstler:innen in ihrer Arbeit unterstützen.

Ein anderes Programm existiert in Brüssel. Die *Producers' Academy* – veranstaltet von *CIFAS (International Centre for Training in the Performing Arts), On the Move, MoDul* und *Kunstenfestivaldesarts* – findet seit 2016 im Rahmen des *Kunstenfestivaldesarts* statt. Das viertägige Programm aus Konferenzen, Workshops und Peer-to-Peer-Learning-Sitzungen wirft Fragen zur Praxis im internationalen Kultursektor von heute auf und richtet sich an internationale professionelle Produzent:innen, Booker, Verwaltungsmanager:innen, Tourmanager:innen und Kulturunternehmer:innen. Eine internationale Gruppe von rund zwanzig Teilnehmenden trifft auf Expert:innen und Praktiker:innen und nähert sich sowohl praktischen Aspekten internationaler Kooperationen – administrativen, rechtlichen und finanziellen Fragen – als auch konzeptionellen Aspekten und hinterfragt innovative Produktionsmodelle in einer globalen Kulturlandschaft. Die Teilnehmenden besuchen Aufführungen des *Kunstenfestivaldesarts* und treffen auf Mitarbeiter:innen des Festivals.

In der Schweiz gibt es das *Performing Arts Manager Programm* von *RESO*, dem Tanznetzwerk Schweiz, das sich an Produktions- und Distributionsverantwortliche der Freien Tanz- und Theaterszene in der Schweiz richtet. Ziel ist es vor allem, den Wissenstransfer innerhalb der Berufsgruppe zu fördern. Seit 2017 veranstaltet RESO den PAM-Workshop, ein Programm in vier Modulen à zwei Tagen, das Grundlagen für eine strategische Herangehensweise an die berufliche Tätigkeit der Performing Arts Manager:innen/Producer:innen vermittelt. Den Teilnehmenden wird ein Workshop-Angebot gemacht, das verschiedene Betriebsmodelle und Produktionskontexte vorstellt, Tools für die Projektentwicklung vermittelt und bei der Entwicklung einer individuellen Strategie für die eigene Arbeitsweise unterstützt. All diese Formate finden jeweils in den Räumlichkeiten eines Koproduktions- oder Gastspielhauses in der Schweiz statt und fördern so auch das Gespräch mit verschiedenen Veranstalter:innen.

Das *Diploma in Creative Producing for Theatre and Live Performance* aus England existiert seit 2020. Derzeit wird der Kurs nur online angeboten und erstreckt sich über knapp vier Monate, in denen die Teilnehmenden zwei Mal pro Woche zusammenkommen. Zahlreiche Praktiker:innen vermitteln ihr Wissen und ihre Erfahrung an eine internationale Gruppe von acht Producer:innen.

Außerhalb Europas gibt es ebenfalls verschiedene Initiativen, Programme und Netzwerke, die sich speziell an Producer:innen richten, auf die im Detail einzugehen den Rahmen sprengen würde.

Wege zur Eigenständigkeit

Auch die vom Bündnis internationaler Produktionshäuser erstmals 2018 veranstaltete und von mir initiierte Akademie für Performing Arts Producer schafft Raum für das Reflektieren der eigenen Praxis im Austausch mit Kolleg:innen und vermittelt Kompetenzen für das selbständige Produzieren auf lokaler, nationaler und internationaler Ebene. Zudem ist in Deutschland in Reaktion auf den erhöhten Bedarf an Wissensvermittlung das Angebot an Workshop-Formaten der verschiedenen Landes- und Bundesverbände der Performing Arts in den letzten Jahren gewachsen.

Producer:innen in den freien Performing Arts werden auch hierzulande zukünftig gebraucht. Eine Ausbildung für den Beruf fehlt bisher.

Ein Anfang wäre, in den theater-, tanz-, und kulturwissenschaftlichen Studiengängen deutlicher zu vermitteln, dass es sich bei der Producer:in um einen eigenständigen Beruf handelt, für den man sich entscheiden kann. Im Rahmen des Studiums könnten umfangreichere Angebote für diese Berufsgruppe gemacht werden. Und es braucht ein Aus- und auch Weiterbildungsangebot, das die nötigen Kompetenzen für den Beruf vermittelt und Kooperationen mit anderen Studiengängen der Performing Arts unterstützt: von Fach- und Erfahrungswissen flankiertes Lernen und Ausprobieren zusammen mit Künstler:innen, Produktionshäusern, Festivals und anderen Producer:innen.

GELD

Curare.
Übungen in langfristigem Denken

Eva Behrendt im Gespräch mit Christine Peters, Leiterin des Bereichs Performing Arts der Kunststiftung NRW, über bestehende und benötigte Fördermodelle

Laut Koalitionsvertrag der neuen Bundesregierung sollen die Programme aus »Neustart Kultur« fortbestehen. Diese während der Pandemie aufgesetzte Kunstförderung zielt weniger auf fertige Produktionen als auf Prozesse, Residenzen und damit auf ergebnisoffene künstlerische Arbeit – was schon lange ein Anliegen der Freien Szene ist. Hat sich das Bohren sehr dicker Bretter gelohnt?

CHRISTINE PETERS: Diese wichtigen Signale zeigen, dass wir jetzt nicht nur über eine postpandemische Kunstproduktion mit anderen Kriterien nachdenken, sondern über eine grundsätzliche Reform der Förderarchitekturen. Dabei geht es ganz zentral um die Frage der Wertigkeit von künstlerischer Arbeit. Wo wird Wert geschöpft, was gehört dazu? Lange Zeit wurden Förderungen stark reglementiert. So wurde zum Beispiel vielfach Spartenbezogenheit eingefordert, auch wenn die Arbeitspraxis transdisziplinär war und Künstler:innen zwischen die Stühle fielen. Recherchen, die notwendigerweise jedem Kunstwerk vorausgehen, galten lange als nicht zuwendungsfähig. Das heißt, es wurde vieles ermöglicht, aber vieles auch schlecht ermöglicht. Es schien weniger um eine Qualitätsförderung zur Ausdifferenzierung eines künstlerischen Werks zu gehen als um die Alimentierung einer möglichst breiten Kulturlandschaft. Für viele Künstler:innen ist das aber fatal. Auch in der Kunst- und Wissensproduktion sollten wir uns, wie die postkoloniale Literaturwissenschaftlerin Gayatri Spivak sagt, in »langfristigem Denken üben«.

Was genau meinen Sie, auf die darstellenden Künste bezogen, mit Wissensproduktion?

Künstlerische Arbeit ist immer an die Produktion von Wissen gekoppelt. Die Erkundung von digitalen Mitteln oder von Räumen jenseits der Black Box, das Übersetzen des gewonnenen Materials in ein Hörstück, in eine Publikation, in ein performatives Archiv, die Einbettung in einen theater-, kunst- oder gesellschaftswissenschaftlichen Diskurs: All das würde ich als künstlerische Wissensproduktion bezeichnen, und eine solche ist grundsätzlich förderfähig.

Sie plädieren also dafür, lieber weniger Künstler:innen besser zu fördern als viele unzureichend?

Ein heikles, weil komplexes Thema. Die Antwort »Weniger ist mehr« kann das Problem der Überproduktion nicht alleine lösen. Zum einen gibt es immer mehr künstlerische Studiengänge, immer mehr Absolvent:innen drängen auf den freien Markt. Zum anderen ist die Produktionsleistung vieler Kunstinstitutionen und Festivals in den letzten zwanzig Jahren gestiegen: Neue Formate, Spielpläne mit Alleinstellungsmerkmal und territorialem Wettbewerb um Künstler:innen und Premieren, mehr Programmangebote mit dem Ziel, die Publikumszahlen stetig zu steigern. Die Aufmerksamkeitsökonomie stand im Vordergrund. Um die Maschine gut zu ölen, wurden Drittmittel akquiriert, also Anträge geschrieben und hierfür Zeit- und Personalressourcen gebunden, die andernorts fehlten. Aber wir sehen nun, dass die Qualifizierung der Produktionsweisen an Bedeutung gewinnt, etwa durch entschleunigte Spielplandramaturgien, in denen Produktionen und Arbeitsweisen in Beziehung gesetzt oder öffentliche Denkräume geschaffen werden. Hier ändern sich gerade alte Rollenmuster – weg vom Durchlauferhitzer, hin zu einer größeren kuratorischen und budgetären Elastizität.

Wenn mit der Zahl der Absolvent:innen künstlerischer Ausbildungsgänge auch die Zahl der Produktionen und Fördermittel steigt: Wo läge dann die Stellschraube, um ein quantitätsorientiertes Wachstum zu bremsen?

Es reicht sicher keine einzelne Stellschraube. Eine Frage ist, wie sich die DNA eines Kunstbetriebs und Produktionshauses definiert. Welcher Ort, welche Art von Betrieb möchte man sein? Für wen? Wie kommen Wachstums- und Qualitätsansprüche überein? Wie nähert man sich einer zunehmend diversen Stadt- und Zivilgesellschaft, schafft Teilhabe, Zugänglichkeit, Barrierefreiheit? Wie baut man Preis-, Sprach- und infrastrukturelle Barrieren ab? Versteht man sich als Teil eines öffentlichen, konsumfreien Raums, in dem Aufenthalt nicht nur geduldet, sondern gewünscht ist? Welche Ressourcen können hierfür zur Verfügung gestellt werden?

Gehen wir noch mal einen Schritt zurück. Die zunehmende Flexibilisierung und Deregulierung der Arbeitswelt, wie sie spätestens seit der Jahrtausendwende zu beobachten war, bedeutete für viele Kunst- und Kulturschaffende ebenfalls eine Zäsur: Kurzfristige Werkverträge statt Festanstellungen, immer mehr Soloselbständige, prekäre Erwerbsbiografien, geringe Altersvorsorge. Dieser Trend hat sich mittlerweile gewendet; die freien Spielstätten zumindest werden jetzt stärker institutionalisiert.

Das ist auch richtig so! Sowohl die künstlerische als auch die kuratorische Arbeit sind als Teil einer ästhetischen, wissenschaftlichen oder gesellschaftlichen Wissensproduktion zu verstehen. Je forschungs- oder technologiebasierter sie ist, desto intensivere und inhaltlich qualifiziertere Begleitung braucht sie. Eine Aufstockung des Fachpersonals unter Verstetigung der Arbeitsverhältnisse war längst überfällig und ist nur konsequent.

Wie lässt sich künstlerische Qualität überhaupt feststellen?

Künstlerische Qualität ist ein Begriff mit einem gewissen Verfallsdatum. Man traut aber in der Regel Institutionen wie Festivals und den Produktionshäusern zu, Qualität einschätzen, bewerten und in ihrer Entwicklungsdynamik analysieren zu können. Was jedoch immer auch etwas mit dem Zugriff auf Geld- und Informationsressourcen zu tun hat. Dieses Vertrauen in die Institutionen ist zunächst die Voraussetzung dafür, dass öffentliche Gelder in die

Kunst fließen. Jenseits so mancher berechtigter Institutionskritik: Diese professionelle Kompetenz einer jahrelangen Praxis des Sehens und Reflektierens hat ihre eigene Wertigkeit. Umgekehrt gibt es auch ein Vertrauensverhältnis zwischen den Institutionen, Festivals und bestimmten Künstler:innen. Der Begriff des Kuratierens ist hier substantiell, auch, oder gerade, in der Freien Szene, weil sich daran das gesamte Bedeutungsspektrum von *curare* ablesen lässt – pflegen, umsorgen, heilen, vermitteln, kritisch begleiten, sich verantwortlich machen, Qualität herausfordern. Und Künstler:innen sollten widerständig sein, indem sie zum Beispiel Kurator:innen von unrealistischen Plänen kurieren ...

Während Kuratieren ja auch bedeutet, eine Auswahl zu treffen, plädiert die linke und sozialdemokratische Kulturpolitik oft für eine möglichst breite, auch in die Soziokultur hinüberlappende Förderung. Insofern finde ich es mutig, wie deutlich Sie für künstlerische Exzellenz plädieren. Sehr viel häufiger ist zu hören, dass die Kunst eben mehr Geld braucht, damit letztlich beides geht: Kunst- und Kulturförderung.

Erstens erscheint es mir nicht richtig, Kunst und Kultur gleichzusetzen. Beide Felder sind gleichwertig, haben aber grundverschiedene Voraussetzungen und sollten nicht gegeneinander ausgespielt werden. Zweitens setzt auch Exzellenz kontinuierlich Kompetenzerwerb, Forschung und Entwicklung voraus, und drittens brauchen sowohl die Kunst- als auch die Kulturförderung tatsächlich mehr Geld statt Mangelverwaltung und Gießkannenprinzip. Hier liegt der Ball auch bei den Institutionen. Ich kann nicht erkennen, dass zum Beispiel Honorare für diskursive Beiträge von freischaffenden Künstler:innen und Kurator:innen – Vorträge, Lecture Performances, Essays, Workshops – in den vergangenen zwanzig Jahren entlang der progressiven Kostensteigerung in allen Lebensbereichen erhöht wurden. Auch solche Arbeiten sind Teil der künstlerischen Produktion.

In Berlin zumindest ist der Kulturhaushalt kontinuierlich gewachsen, wovon auch die Freie Szene profitiert hat. Was wiederum auf sehr engagierte Lobbyarbeit der Freien Szene zurückgeht.

Das ist eine stolze Leistung! Für Absolvent:innen allerdings auch ein Grund, sich nach dem Studium dort anzusiedeln und um dieselben Töpfe zu konkurrieren – ein Problem, das es auch in NRW gibt. Hier fehlt es an Steuerungsmodellen, die den Übergang in die Professionalisierung perspektivisch begleiten. Ohne Zweifel sollte es einen kontinuierlichen Aufwuchs in den Kulturhaushalten für die professionelle Freie Szene geben, die vorwiegend noch nicht existenzsichernd arbeiten kann. Gleichzeitig müssten in die Debatte um Kulturhaushaltserhöhungen und Förderprogramme andere neuralgische und gesamtgesellschaftliche Themen einbezogen werden, neben den Kipppunkten, die den Klimawandel betreffen, auch solche, die sich mit der grundlegenden gesellschaftlichen Transformation durch die fortschreitende Digitalisierung beschäftigen. Wie kann eine demokratische Zivilgesellschaft gestärkt werden, in der es zukünftig noch weniger Arbeit, aber nicht weniger Menschen geben wird? Wie reagiert die Kunst- und Kulturproduktion beziehungsweise -förderung darauf, wo stellt sie sozialverträgliche Weichen?

Einige Künstler:innen tendieren schon jetzt dazu, selbst in die gesellschaftliche Arbeit einzusteigen, also nicht nur die drängenden Zukunftsfragen auf der Bühne zu verhandeln, sondern, bildlich gesprochen, die »Natur« oder das Internet zu ihrem Atelier zu machen.

Oder neue Kunsträume zu gründen, offen für viele, kostenfrei nutzbar. In dem Zusammenhang sind bestimmte Instrumente naheliegender als andere. Zum Beispiel die schon erwähnte Residenz- und Stipendienförderung, die in zukünftigen Förderprogrammen einen zentraleren Stellenwert erhalten sollte. Oder die Möglichkeit einer qualifizierten Weiterentwicklung von freien Produktionen, auch um aus dem statistischen Wahnsinn herauszukommen, dass Arbeiten im Durchschnitt nur zwei bis vier Mal gezeigt werden. Wir müssen die Ökologie unseres Denkens und Produzierens verbessern. Für Fellowships und Wiederaufnahmen sollten allerdings nicht nur die Fördereinrichtungen zuständig sein, auch Produktionshäuser und Festivals könnten ihre Haushalte entsprechend justieren. Es bedarf vieler Paradigmenwechsel.

Freie Gruppen oder auch einzelne Künstler:innen, die über einen langen Zeitraum stabil arbeiten, neigen oft dazu, sich selbst zu institutionalisieren. Ist das kein Widerspruch?

»Institutionalisierung« sollte in so einem fragilen Gefüge, mit dem wir es immer noch zu tun haben, als Begriff zunächst nicht negativ aufgefasst werden. Mehr langfristige Förderungen zur Sicherung von langjährigen künstlerischen Erwerbsbiografien wären absolut wünschenswert, verbunden mit einer größeren Autonomie in der Mittelverwendung. Künstler:innen sollten frei zwischen einer Neuproduktion oder Weiterentwicklung entscheiden können, zwischen Gastspiel oder Recherche und Forschung, Reisen, Austausch und Fortbildung.

Heißt das, das Fördersystem sollte besser an unterschiedliche Karrierephasen angepasst werden?

Genau. *Senior Artists* beispielsweise, mit langen professionellen Erwerbsbiografien im In- und Ausland, könnte man ja auch vom Innovations- und Legitimationswettbewerb, also dem Gerangel um dieselben Töpfe, entkoppelt fördern und gewissermaßen Vertrauen investieren – in die Lebensleistung und Kompetenz, durch die Wertschätzung eines künstlerischen Werks.

Die Erfahrung zeigt, dass es lange dauert und oft sehr aufwendig ist, Institutionen und ihre Prozesse zu verändern. Das gilt natürlich erst recht für noch größere Systeme, etwa die Marktwirtschaft – selbst dann, wenn dieses System sich als schädlich erweisen sollte. Wenn es so schwierig ist, aus Routinen auszubrechen, was lässt Sie dann glauben, dass es der Kunst tatsächlich gelingen könnte, mit gutem Beispiel voranzugehen?

Wir fangen ja nicht bei null an. Ganze Gründergenerationen von Künstler:innen haben in der Vergangenheit bewiesen, dass sie – oft gegen viele Widerstände – nicht nur formalästhetisch, sondern auch systemisch impulsgebend sein können. Die Grundidee des Bündnisses – die Innovationskraft und das Engagement von Künstler:innen im Schulterschluss mit Förder:innen – stimmt mich positiv. Die Honoraruntergrenzen waren die Wegmarke eines Umdenkprozesses: Wenn sich gesellschaftlich Handelnde in gegenseitiger Anerkennung ihrer Expertisen verbünden, um notwendige Veränderungen zu identifizieren und Lösungen für deren Umsetzung zu entwickeln, ist das doch vielversprechend! Und man muss keine Ökonomin sein, um zu begreifen, dass wir unsere Kunstbetriebe zu Wirtschaftsgemeinschaften entlang nachhaltiger Wertschöpfungsketten umbauen müssen.

Das Gespräch fand am 24. 11. und am 1. 12. 2021 via Zoom statt.

Der Mehrwert der Gemeinsamkeit

Über die Vorteile und Herausforderungen von Bündnissen und Allianzen von Producer:innen

Von Anne Schneider

Begriffe wie »Allmende« oder »Commons« haben zuletzt in vielen gesellschaftlichen Bereichen eine Renaissance beziehungsweise einen Aufwind erfahren. Angesichts einer immer absurder erscheinenden Wachstumslogik steigt das Bewusstsein für den Wert des Teilens. Eine Erkenntnis, die sich in den freien darstellenden Künsten schon lange durchgesetzt hat – und die, Stichwort »Wissensallmende«, gerade auch Produzent:innen zugutekommt, deren Beruf ebenso wenig wie die Performer:innen- oder Regie-Position als Einzelkampf funktioniert.

Ein Charakteristikum der Freien Szene ist die enorme Bereitschaft, Wissen zu teilen, es zu enthierarchisieren – auf der Basis gelebter Solidarität. Die Erkenntnis, dass Herausforderungen, vor denen Einzelne stehen, in der Regel auch viele andere betreffen, stiftet in wachsender Zahl Bündnisse und Allianzen – auch von Producer:innen im Bereich der Performing Arts. Zusammenschlüsse eröffnen die Möglichkeit, Wissenstransfers zu verstetigen, Erfahrungen nicht nur weiterzugeben, sondern sie auch gemeinsam weiterzudenken. Ebenso schaffen sie sowohl kulturpolitisch als auch gegenüber Institutionen eine Sprachfähigkeit – wobei es für jedes einzelne Bündnis herauszufinden gilt, ob eine gemeinsame Position zu erreichen, im Zweifelsfall zu erstreiten ist. Dieser Prozess wiederum kann gewinnbringend und schärfend für die Positionen der Einzelnen und der Gruppe sein: Was sind die großen gemeinsamen Ziele?

Strukturen verstetigen

Mittlerweile agiert das Bündnis »Produktionsbande« als wachsendes bundesweites Netzwerk von Producer:innen, das Wissenstransfer und kulturpolitische Vermittlung der Arbeitsrealitäten und -bedürfnisse organisiert. Noch vor wenigen Jahren gab es lediglich kleine regionale Gruppen von Personen, die sich zu Fragen rund um Produktion, Organisation und Management ausgetauscht haben. Durch die verstärkte Vernetzung von regionalen Festivals entstanden ein überregionaler Austausch und regelmäßige Stammtische von Produktionsleiter:innen. Die Akademie für Performing Arts Producer schließlich unterstützte den konzentrierten Blick auf Herausforderungen, Besonderheiten und bestehende Leerstellen, was ein nicht unbedeutender Impuls für die nun aktiven, bundesweit agierenden Zusammenschlüsse von Producer:innen war.

Die Entwicklung zeigt insgesamt, wie sehr sich das Berufsfeld der Producer:innen in den vergangenen Jahren professionalisiert hat – und wie erfolgreich Wege aus der Vereinzelung gesucht werden.

Wenn aber Bündnisse, Netzwerke, Allianzen von Producer:innen langfristig erfolgreich arbeiten wollen, braucht es Strukturen, die Engagement und Kontinuität überhaupt ermöglichen. Wenn alle Beteiligten mit ihrer Kraft am Limit und permanent von Existenzängsten bedroht zu Werke gehen, ist das für eine konstruktive Arbeit keine Basis. Bündnisarbeit ist in aller Regel eine ehrenamtliche Tätigkeit, doch idealerweise sollte ein Zusammenschluss durch hauptamtlich Aktive koordiniert und vertreten werden, um Verlässlichkeit im Kontext eines gemeinsamen Auftritts gegenüber der Kulturpolitik zu schaffen, um Bedarfe zu bündeln und sowohl im Bereich Wissenstransfer als auch bei der sogenannten Repräsentation stringente Konzepte zu gestalten.

Daher ist es umso wichtiger, dass in der Vergangenheit Förderprogramme beim Bundesverband Freie Darstellende Künste sowie beim Fonds Darstellende Künste entstanden sind, die Netzwerkarbeit als solche in den Fokus nehmen.

Die Frage der Ressourcen

Auch eine andere Leerstelle hat sich vielerorts geschlossen: Die Position der Produktionsleitung ist heute fast immer in Produktionsbudgets zu finden. Zwar ist es nach wie vor nicht selbstverständlich, dass Producer:innen bei Ausschreibungen (ob im Bereich der Förderung oder der Qualifizierung) angesprochen, beziehungsweise berücksichtigt werden – jedoch werden kalkulierte Honorare für diese Position in der Regel bei der Förderung anerkannt. Allerdings stehen Producer:innen vor der besonderen Herausforderung, dass ihre Arbeit – die zumeist im Unsichtbaren stattfindet – von Künstler:innen-Seite oft nicht in angemessener Höhe im Finanzplan angesetzt oder von Seiten der Förderinstitutionen und Produktionshäuser nicht in entsprechender Höhe für förderungswürdig erachtet wird.

Damit hängt – wie immer bei der Arbeit von Producer:innen – die Frage nach Ressourcen zusammen. Sie betrifft selbstredend den gesamten Bereich der freien darstellenden Künste, in dem nach wie vor um angemessene Honorare gekämpft werden muss. Noch immer befinden wir uns in dem Lernprozess – auf Seiten der Förderinstitutionen, der Produktionshäuser, auch der Künstler:innen –, dass die unter anderem vom Bundesverband Freie Darstellende Künste empfohlenen Honoraruntergrenzen tatsächlich Mindeststandards sind. Nicht *die* Empfehlung für Honorare. Als Berechnungsgrundlage dient den Untergrenzen der NV-Solo-Vertrag des Deutschen Bühnenvereins – der jedoch von einer durchgehenden, sozialversicherungspflichtigen Beschäftigung ausgeht. Das bedeutet, dass Freiberufler:innen im Bereich der freien darstellenden Künste mit zwei, drei Produktionen im Jahr (bei vielen sind es weniger) die gleiche Summe erwirtschaften müssen. Sie benötigen zudem eine andere Absicherung in Hinblick auf Krankheit, Urlaubstage etc. – und es müssten auch regionale Besonderheiten bei der Kalkulation von Honoraren berücksichtigt werden. In München sind die Bedingungen, was Mieten, Lebenshaltungskosten und Arbeitskosten betrifft, andere als beispielsweise in Mecklenburg-Vorpommern.

Neue Sichtbarkeit

Auch hier helfen Bündnisse und Allianzen, in denen sich die Beteiligten über Argumentationslinien austauschen können, in denen gemeinsame Statements und Forderungen formuliert werden und die den Wissenstransfer zu Strategien befördern. Oft gibt es, gerade auf politischer Seite, durchaus die Bereitschaft zuzuhören, sich komplexe Zusammenhänge erklären zu lassen. Der Erfahrung nach erhöht sie sich, wenn viele im Verbund sprechen.

In der Pandemie hat zuletzt aber auch die Bündnisarbeit gelitten, vielfach ist der kontinuierliche analoge Austausch abgerissen, gemeinsame Auftritte – etwa bei Festivals – konnten nicht stattfinden. Hier gilt es, Wiederbelebung zu betreiben, zurück in den produktiven Modus zu finden. Zugleich war es durch die Förderangebote des Fonds Darstellende Künste im Rahmen von Neustart Kultur in bestimmten Regionen für viele Künstler:innen und Gruppen erstmals möglich, auf Bundesebene Anträge zu stellen. Damit ist auch eine andere Notwendigkeit entstanden, Producer:innen einzubinden, die sich mit den entsprechenden Verfahren auskennen.

Es braucht daher aktuell mehr denn je vernetzende Aktivitäten, überregionalen Wissenstransfer und das solidarische Wirken für eine vitale und produktive Szene auch in Post-Pandemie-Zeiten.

Mehr Wert für die Werke

Elena Philipp im Gespräch mit Rui Silveira und
Katharina Wallisch von Something Great

*Was brauchen Künstler:innen, um nachhaltig produzieren zu können?
Something Great haben darauf eine Antwort gefunden. 2017 gründete
Rui Silveira die Organisation zur Unterstützung von Künstler:innen aus
den Performing Arts. Dabei setzt er andere Schwerpunkte als das übli-
che Produzent:innenmodell. Gemeinsam mit Katharina Wallisch, die als
Co-Managing Director eng mit ihm zusammenarbeitet, erklärt er, welche Ideen ihre Arbeit leiten und was es mit ihrer Sammlung von Werken
der Performing Arts auf sich hat.*

**Rui Silveira und Katharina Wallisch, welche Leistungen bietet
Something Great? Und was ist das Spezifische an Ihrer Arbeit?**

RUI SILVEIRA: Wir fördern Künstler:innen und pflegen eine Praxis der Fürsorge für sie und ihre Arbeiten. Ökonomisch gesehen
ist die Unterstützung bei der Suche nach Koproduzent:innen einer
unserer Bereiche. Wir wollen den Künstler:innen ermöglichen, auf
Tournee zu gehen und damit ihre Arbeit zu finanzieren, um nicht
vorwiegend von öffentlichen Mitteln abhängig zu sein. Ich habe
viele Jahre in der Distribution für Choreograf:innen gearbeitet. Als
ich beschloss, etwas Eigenes zu machen, war ich vor allem am
Vertrieb interessiert, denn hier besteht großer Bedarf.

KATHARINA WALLISCH: Something Great entwickelt maßgeschneiderte und individuelle Dienstleistungen. Zu Beginn der Zusammenarbeit fragen wir die Künstler:innen: Wie ist ihr Status
quo, werden sie subventioniert, bekommen sie Projektförderun-
gen, haben sie feste Partner wie etwa Produktionshäuser? Welche
Unterstützung benötigen sie – geht es ihnen vor allem darum, in-

ternational auf Tournee zu gehen? Oder um eine Art Supervision ihres Produktionsprozesses?

Wie finanzieren Sie diese aufwendige, maßgeschneiderte Betreuung?

SILVEIRA: Something Great wird dafür bezahlt, wenn auch bisweilen mit symbolischen Beträgen. Unsere Tätigkeit verstehen wir eher als eine Unterstützung denn als eine Dienstleistung. Wir versuchen, die Bedingungen zu schaffen, unter denen die Künstler:innen optimal arbeiten können.

WALLISCH: Wir vertreten eine vielfältige Mischung von Künstler:innen in verschiedenen Stadien ihrer Karriere. Die finanziellen Mittel, die mit Tourneen und Koproduktionen einhergehen, ermöglichen es uns, auch Künstler:innen zu unterstützen, die keine Finanzierung oder Förderung haben.

SILVEIRA: Wichtig ist uns, dass die Künstler:innen unabhängig von unserer Struktur bleiben. Das ist auch für ihre Karriere wichtig – damit sie weiterarbeiten können, falls unsere Zusammenarbeit mit ihnen endet. Bei Florentina Holzinger zum Beispiel, die wir als erste Künstlerin fürs komplette Management unter Vertrag genommen haben, war der erste und aus unserer Sicht wichtigste Schritt, dass sie ihre eigene Kompanie gründet, um Zugang zu öffentlichen Mitteln in Österreich zu bekommen.

Zum Portfolio von Something Great gehören unter anderen Bruno Beltrão, Doris Uhlich, das Nature Theater of Oklahoma oder Susanne Kennedy und Markus Selg. Was verbindet die Künstler:innen, die Sie vertreten? Nach welchen Kriterien entscheiden Sie sich, mit jemandem zu arbeiten?

WALLISCH: Das ist sehr unterschiedlich …

SILVEIRA: … und es geschieht organisch.

WALLISCH: Es gibt keine Kriterien, oft ist es Intuition – wir haben das Gefühl, dass eine Arbeit oder eine Person in die Something-Great-Familie passt.

SILVEIRA: Es gibt Künstler:innen, in deren Werke wir uns verlieben und die wir dann kontaktieren. Meistens ist es umgekehrt, die Künstler:innen kommen auf uns zu. Was sie gemeinsam haben: In ihren Arbeiten steckt eine starke künstlerische Forschung, sie versuchen, sich mit jeder Produktion neu zu erfinden.

Wie gestaltet sich die konkrete Zusammenarbeit?

SILVEIRA: Wir arbeiten mit Künstler:innen, mit denen wir uns verbunden fühlen, auf einer 1:1-Basis, ihre Bedürfnisse berücksichtigend. Sehr wichtig ist uns die Promotion für die Produktionen. Hier gibt es eine große Lücke. Nach der Premiere sind die Arbeiten von Künstler:innen aus den Performing Arts oft sehr schnell wieder verschwunden. Dafür gibt es viele Gründe – einer davon ist, dass es keine Agenturen oder Büros gibt, die sich auf den längerfristig geplanten Vertrieb spezialisiert haben. Aber die Werke brauchen den Kontakt mit der Öffentlichkeit, um ihr volles Potential zu erreichen.

Hier schwingt eine Kritik am herkömmlichen Produktionsmodell mit, höre ich das richtig?

SILVEIRA: Problematisch erscheint mir, dass sich ein:e Produzent:in nicht voll und ganz auf etwas konzentrieren kann. Diese Person macht alles – es gibt keine klare Trennung zwischen Verwaltung, Tour-Management, Produktion, Finanzierung und Antragstellung. Problematisch ist aus unserer Sicht auch die Abhängigkeit von öffentlicher Förderung. Die Künstler:innen eilen von einer Produktion zur nächsten. Es gibt einen großen Druck von Seiten der Förderinstitutionen und durch die Struktur von Festivals und Veranstalter:innen. Wir kritisieren das nicht, Plattformen, Verkauf und Vertrieb sind wichtig, und auch wir sind ein Teil dieser kommerziellen Strukturen, um unsere Arbeit zu finanzieren. Aber wir stehen hinter der Idee der Wirtschaftlichkeit der darstellenden

Künste und möchten, dass die Künstler:innen ihr Einkommen durch ihre Kunst generieren. Dabei geht es um Nachhaltigkeit – und das war auch eine künstlerische Entscheidung für uns bei Something Great.

Something Great baut derzeit eine Sammlung von Werken der Performing Arts auf. Was hat es damit auf sich?

SILVEIRA: 2019, im Jahr vor der Pandemie, haben wir beschlossen, diese Kollektion zu entwerfen. Wir haben darüber diskutiert, wer wir sind, und versucht, einen Bezug zu einer Institution zu finden, die uns nahesteht. Ein Schwestermodell, mit dem wir uns identifizieren konnten, haben wir nicht gefunden. Aber mit am nächsten fühlten wir uns der Idee einer Galerie. Im Brainstorming mit dem Team stellten wir fest, dass in den Live Arts die Figur des Sammlers fehlt – jemand, der die Kunst um der Kunst willen unterstützt. Als die Pandemie ausbrach und viele Künstler:innen ihre Arbeit verloren, wurde uns klar, dass es tatsächlich ein großes strukturelles Problem gibt: Die Performance-Kunst wird nicht als Kunst, sondern als Event gewertet. Die Künstler:innen können nur dann ein Einkommen erzielen, wenn sie auftreten. So wurde unsere Idee stärker, die Künstler:innen auch durch das Sammeln ihrer Werke zu unterstützen. Wir bezahlen sie für ihre Arbeit, ohne dass sie eine Leistung erbringen müssen. Und wir kümmern uns auf eine andere Weise um ihr Werk – wir machen es zu einem Studienobjekt statt zu einem Konsumobjekt. So halten wir es am Leben.

Erwerben Sie die Rechte an den Werken ihrer Sammlung?

WALLISCH: Wir teilen die Rechte mit den Künstler:innen, wir besitzen das Werk nicht. Die Sammlungsmetapher passt also nicht ganz. Durch die geteilten Nutzungsrechte verpflichten wir uns, für den Erhalt des Werkes zu sorgen, es zugänglich zu machen und zu kontextualisieren. Und wir finden finanzielle Mittel, damit es wiederaufgenommen werden kann.

SILVEIRA: Für uns bedeutet das einen Fokuswechsel in den Performing Arts, hin zu einem Prozess der Bewahrung. Vergleichbar ist dieser ständige Prozess der Nachbearbeitung und Pflege vielleicht mit der Postproduktion im Film.

WALLISCH: In dieser veränderten Wahrnehmung der darstellenden Künste geht es uns auch um den Wert der Werke, einen Begriff, den wir uns aus der bildenden Kunst leihen: Die Werke in den Visual Arts gewinnen mit der Zeit an Wert, in den Performing Arts hingegen verlieren sie an Wert.

SILVEIRA: Manche Werke passen nicht zu den Trends der Zeit – aber für uns sind sie wertvoll und sehr wichtig. Sie verschwinden, weil sie als ›zu alt‹ gelten. Oder weil die Künstler:innen Arbeiten machen, die als ›zu experimentell‹ angesehen werden. Wir brauchen den Raum, um diese Art von Arbeit außerhalb des kommerziellen Bereichs zu unterstützen.

WALLISCH: Die Sammlungsidee kann man auch so verstehen, dass wir eine Arche bauen. Wir müssen die Werke live zeigen, das ist unsere Aufgabe – diese Werke in ihrem Nachleben zu bewahren und Nachhaltigkeit zu garantieren.

SILVEIRA: Dabei schaffen wir aber kein Archiv. Es gibt derzeit eine Tendenz, Performances zu sammeln, sie zu digitalisieren, und dann verschwinden sie von der Bildfläche. Uns geht es, wie Katharina gesagt hat, um ihr Weiterleben. Was wir machen, haben Museen wie die Tate bereits erforscht, aber nie in vollem Umfang. Insofern leisten wir keine Pionierarbeit, aber die Arbeit des Bewahrens darstellender Kunst muss getan werden, und es ist wichtig, dass sie jemand mit Expertise in den darstellenden Künsten tut.

Wie wird Ihre Sammlung zugänglich gemacht?

WALLISCH: Wir wollen alle drei Jahre eine Ausstellung zeigen und laden Kurator:innen ein, eines oder mehrere Werke aus der Sammlung auszuwählen und sie mit anderen Kunstwerken in Beziehung zu setzen. So wollen wir die Werke mit aktuellen Forschungsansätzen kontextualisieren und sie vor allem mit anderen Arbeiten aus den bildenden und darstellenden Künsten verbinden.

Als weiteres Projekt eröffnen Sie derzeit ein Künstlerhaus in Mentin bei Parchim. Was ist die Idee hinter diesem Ort?

SILVEIRA: Wir schaffen einen Ort, an dem wir Initiativen entwickeln können, die neues Fachwissen im Bereich der darstellenden Künste fördern.

WALLISCH: Eine Mischung aus Forschungszentrum, Fortbildungsstätte und Begegnungsort.

SILVEIRA: Wir werden in den Räumlichkeiten von Schloss Mentin vorerst ein Tanzstudio haben, später drei, sowie Unterkünfte und Seminarräume. Der Ort wird den Künstler:innen und der Zusammenarbeit dienen. In Zusammenarbeit mit Schloss Mentin, den Berliner Hochschulen, dem Land Mecklenburg-Vorpommern und internationalen Partnern wollen wir noch mehr Künstler:innen durch ein Artist-in-Residence-Programm fördern sowie Restaurator:innen der darstellenden Künste ausbilden und in der praktischen Arbeit zusammenbringen. Bisher haben sich Produzent:innen auf das Neue konzentriert, aber wir brauchen Produzent:innen, die mehr auf die Erhaltung achten. Von solchen Produzent:innen wird die nächste Generation von Künstler:innen profitieren.

Tourist:innen im eigenen Besitz

Das PAF – Perfoming Arts Forum im Porträt

Das PAF – Performing Arts Forum – ist eine Künstler:innenresidenz, 150 km nordöstlich von Paris im Herzen der Region Champagne-Picardie gelegen. Es befindet sich in einem ehemaligen Kloster, umgeben von einem 1,2 Hektar großen Garten in der Gemeinde Saint-Erme-Outre-et-Ramecourt.

PAF – 2005 ins Leben gerufen – ist ein Ort für Praktiker:innen und Aktivist:innen aus den Bereichen Darstellende Kunst, Bildende Kunst, Literatur, Musik, Neue Medien und Internet, Theorie, Kultur und Wissenschaft, offen für alle, die Kunst- und Wissensproduktion jenseits der vom institutionellen Markt vorgegebenen Möglichkeiten praktizieren und eigene Arbeitsbedingungen erforschen und bestimmen wollen. PAF ist weder Produktionshaus noch Veranstaltungsort noch Forschungszentrum, sondern eine Plattform zur Erweiterung der Möglichkeiten von Arbeitspraxis. Es empfängt jährlich 1200 Besucher:innen und zählt mehr als 12 000 Mitglieder in Europa und weltweit.

Gründungsgeschichte

2005 hat der niederländische Schauspieler, Regisseur und Tänzer Jan Ritsema († 2021) das ehemalige Kloster in Saint-Erme-Outre-et-Ramecourt gekauft und damit den Grundstein für das PAF gelegt. Auf Einladung von Ritsema und der Dramaturgin und Performerin Bojana Cvejić wurde zum Jahreswechsel 2005/2006 das erste Treffen mit 35 Teilnehmer:innen organisiert – als Initiative zum kollektiven Denken und Gestalten rund um die Frage »What to do with PAF?« Bis heute gibt es um diese Zeit des Jahres das »Winter Update Meeting« als wichtiges Treffen mit dem Ziel der kontinuierlichen Weiterentwicklung.

Von Beginn an war das Ziel, einen niedrigschwelligen Ort für multidisziplinären, kollektiven und informellen Austausch zu schaffen – um damit Künstler:innen und Macher:innen jene Wirkungskraft zurückzugeben, die in den 1990er- und frühen 2000er-Jahren durch die zunehmende Institutionalisierung, Professionalisierung und Individualisierung abgenommen hat.

Das PAF ist alternative Plattform, Werkzeug und Ressource. Im Zentrum stehen Fragen der Selbstbestimmung und -organisation in künstlerischer, wissenschaftlicher und theoretischer Praxis. Zudem gibt es im PAF drei Leitlinien, die als zusammenhängende »Scores« praktiziert und interpretiert werden können:

1. Hinterlasse keine Spuren *(Don't leave traces)*
2. Ermögliche es anderen *(Make it possible for others)*
3. Die/Der Macher:in entscheidet *(The doer decides)*

2018 wurde den drei bestehenden eine vierte Leitlinie hinzugefügt:

4. Bedenke Asymmetrien *(Mind asymmetries)*

Die Ära der »unsichtbaren Katze«

Die ersten Jahre des PAF waren vor allem durch graduellen Aufbau, Reparaturen und Erneuerung geprägt. Während der Aufbau ohne die Hilfe unzähliger Menschen niemals möglich gewesen wäre, lag die Entscheidungsmacht hauptsächlich bei Jan Ritsema, der im Stil einer »unsichtbaren Katze« (scherzhaft auch »erleuchteter Despot« genannt) amtierte. Selbstorganisation war in diesen Jahren nur innerhalb einer klaren Hierarchie in der von PAF kultivierten Manier möglich: Alles wird besprochen, über nichts wird abgestimmt. Im Klartext bedeutete das: In den wenigen Fällen, in denen eine Frage oder ein Konflikt nicht im organischen Dialog mit den Leitlinien geklärt werden konnte, lag die letzte Entscheidung bei Ritsema, seit 2008 in Kollaboration mit der Künstlerin Valentina Desideri. Die »Katze« war im besten Fall unsichtbar, doch die »Mäuse« wussten, dass sie existiert.

Gründung der SCI – Kollektivierung des Eigentums

Bereits seit 2013 ist in ungezählten Gesprächen das experimentelle Kollektivieren von PAF als Eigentum betrieben worden – nach dem Prinzip »Tourist:in im eigenen Besitz sein«. 2015 hat dieser Prozess Gestalt in einem separaten Organ angenommen, der SCI-The Building (Société Civile Immobilière). Sie zählt fünfzig Mitglieder, die durch ihre Investition PAF auch für zukünftige Generationen ermöglichen. Als Besitzer:in hat man keine Privilegien – außer der Freude, PAF für alle offen zu halten. Eine Spekulation mit dem Eigentum, oder gar eine finanzielle Bereicherung der Eigentümer:innen, ist durch die Reglementierung der SCI, eng abgestimmt auf die Bedürfnisse von PAF, ausgeschlossen.

4/12 On Call und die unendlichen Wege Richtung Selbstorganisation

PAF ist ein lebendiger Körper in kontinuierlicher Transformation. Parallel zur Kollektivierung findet seit 2013 ein Prozess statt, der sich dem Aufbau von nachhaltiger Infrastruktur und kollektiven Strukturen der Selbstorganisation widmet. PAF war nie eine Demokratie und will auch keine sein; Prozesse werden im Dialog mit einer Gruppe von engagierten PAF-Mitgliedern diskutiert, die sich seit Beginn 2020 als sogenannte »Transition Group« zweimal wöchentlich in Online-Meetings austauscht. Die Idee dahinter ist, dass keine Person oder Funktion im PAF unersetzlich ist; alles ist im Fluss und soll im Fluss bleiben.

Gleichzeitig muss für Kontinuität gesorgt werden. Neben Jean-Félix Marécaux und Eric Remba, die seit vielen Jahren die ständige Erneuerung und Verbesserung des Gebäudes kollaborativ anleiten, wurde nach langjährigen Gesprächen zu Beginn 2021 das 4/12 On Call-Modell formalisiert – ein erstes Experiment, um die bisherige Direktion kollaborativ zu ersetzen. Demnach übernimmt eine Gruppe von vier Personen die Verantwortung für das Gros der nötigen Aufgaben und Entscheidungen, in Abstimmung und mit der Unterstützung von zwölf weiteren Personen, als rotierendes Prinzip kollektiver Fürsorge für das PAF. Angelehnt an die Praxis des »each one teach one« ist die Hauptaufgabe des 4/12 OC – neben der Kontinuität, die der Alltagsbetrieb des PAF abverlangt – Selbstorganisation zu stimulieren, Zugang zu mehr Verantwortung für Interessierte zu ermöglichen und eine Infrastruktur für nachhaltige Formen der Selbstorganisation und Rotation aufzubauen.

Viele, die PAF zu dem Ort gemacht haben, der er heute ist, bleiben hier unerwähnt. Zudem gibt es sicherlich viele Arten und Weisen, die Geschichte des PAF zu erzählen – die vorliegende wurde geschrieben von Daniela Bershan, mit Unterstützung von Sepideh Ardalani, Frida Laux und Nisaar Ulama.

Jede Szene eine Premiere

Harriet Maria Meining und Peter Meining über das freie
Produzieren für Theater und Film

So richtig frei produziert haben wir in den 1990er-Jahren. Wir kamen jung aus der DDR-Subkultur, und es folgten Jahre in einer sehr kreativen, von Neugier und Aufbruchsgeist geprägten Zeit. Aus dem Nichts entstanden Galerien. Besetzte Häuser wurden in Kunst- und Theaterräume verwandelt. Plötzlich gab es Stiftungen und Ministerien, die Geld unkompliziert in riskante Projekte steckten. Und selbst Rückschläge nahm man im Prozess der Transformation als Bestandteil derselben in Kauf.

Wenn man Kunst als einen gesellschaftlichen Akt konzeptioneller Verschwendung betrachtet – dann wurde er in unserer subjektiven Erinnerung zu keiner Zeit auf beiden Seiten (der Geldgeber:innen und Empfänger:innen) freier und anarchischer zelebriert.

Natürlich endete diese Zeit, und mit Arbeitsschutz und Hygienekonzept kamen auch Ordnung und Struktur in die freie Kunstproduktion des Ostens – denn diese Erinnerung bezieht sich allein auf den Osten Deutschlands. Die Institutionalisierung begann, mit allen Vor- und Nachteilen, die dies für die Freie Kunst hat. Es gab mehr Geld und sichere Finanzierungshorizonte, bessere Technik, bessere Planbarkeit. Aber impulsive Kunst wurde seltener, mit den Sanierungen verschwanden die Narben der Zeit, das Improvisieren wurde abgelöst von professionellen Abläufen, es gab weniger freie Mitarbeiter:innen, aber mehr Angestellte und damit Rentenbescheide und gesicherte Familienplanungen.

In der Freien Szene mischten sich die Produktionsmechanismen. Koproduktionen mit Schauspielhäusern kamen auf. Freie Gruppen/ Regisseur:innen inszenierten auch an staatlichen Bühnen mit den entsprechenden Ensembles – und freie Theaterleiter:innen wurden

Intendant:innen an staatlichen Häusern. Große Stiftungen prägten mit ihrer Finanzierung entscheidend den Bedeutungsaufstieg der freien Theater und setzten mit thematischen Programmen auch inhaltliche Schwerpunkte. Die nur für einen Ort konzipierten Einzelproduktionen wurden weniger, gastspielfähig zu produzieren war das Gebot der Stunde. Es entstand eine Vielzahl an Festivals und Formaten. Und die Produktionshäuser arbeiteten verstärkt mit Kurator:innen, die zwischen Künstler:innen/Produzent:innen, den Produktionshäusern und den Finanzierungsquellen eine wichtige Rolle einnahmen.

Diese Setzungen veränderten auch die Art des freien Produzierens.

In unseren Theaterarbeiten standen vor Probenbeginn das Team und die Schauspieler:innen fest, es gab grundlegende Ideen zu Bühne und Kostüm, Absprachen wurden getroffen und der finanzielle Rahmen festgelegt. Erst während des eigentlichen Probenprozesses wurde es konkret. Proben und Produzieren waren ein paralleler Prozess. So konnte innerhalb mehrerer Wochen flexibel reagiert werden, Veränderungen waren jederzeit möglich. Bereits umgesetzte Ideen konnten verworfen werden, alles war offen und beweglich. Man arbeitete auf einen Tag in der Ferne hin: Deadline war die Premiere.

Drehen im präzisen Uhrwerk

Der Prozess beim Film folgt einem anderen Rhythmus, das Erfinden und Proben verlagert sich komplett auf die Monate vor dem eigentlichen Dreh, und der Kreis der daran Beteiligten ist kleiner. Dreht man, wie wir, klassisch nach Drehbuch, ist alles detailliert durchgeplant. Der Drehplan fragmentiert den Film, so dass die kürzestmögliche Drehzeit unter Berücksichtigung aller speziellen Gegebenheiten kalkuliert werden kann. Da jede Minute Geld kostet, ist diese Drehzeit immer (zu) knapp bemessen. Jedes Gewerk hängt an diesem präzisen Uhrwerk, was auch bedeutet, dass jede Minute, die es irgendwo zu lange dauert, zwingend an anderer Stelle wieder eingespart werden muss. Alles greift hier ineinander, selbst kleinste Fehler haben große Auswirkungen, was immerzu hochkonzentriertes professionelles Handeln verlangt. Ganz anders als im Theater – hier eröffnet die Improvisation, das Spiel immer eine Möglichkeit, falls ein Requisit fehlt, die Hose nicht passt. Und es gibt den Faktor Zeit bis zur Premiere, der beim Dreh eine gänzlich andere Rolle spielt.

Der Dreh selbst gleicht deshalb von Szene zu Szene einer ständigen Premiere – zu jeder Zeit 100 Prozent.

Danach beginnt im kleinen Kreis die meist sehr langwierige Postproduktion, welche Filmschnitt, Sounddesign, Color Grading und gegebenenfalls VFX (visuelle Effekte) umfasst.

Als Produzent:in ist man im Filmbereich komplett auf sich allein gestellt, es gibt keinerlei Struktur, die logistisch unterstützt, beziehungsweise entlastet. Das bedeutet einerseits mehr Arbeit, andererseits mehr Freiheit, denn für jeden Dreh erschafft man ein komplettes Produktionshaus nach seinen eigenen Vorstellungen mit dem jeweils passenden Team. Die Rahmung, die (bis auf Sonderformate) auch im freien Theater durch die Örtlichkeit mit den dann entsprechenden Hierarchien und Abläufen vorgegeben ist, entfällt.

Plädoyer für das Unkalkulierbare

Es gibt große ökonomische Unterschiede.

Filme zu produzieren ist produktionsseitig viel zeitaufwendiger, bürokratischer und auch kostenintensiver. Angestelltenverhältnisse, komplexe Rechtefragen und Verträge, aufwendigere Förderanträge und Abrechnungen, logistische Herausforderungen, Genehmigungen, hochwertiges technisches Equipment und entsprechend vielfältige Versicherungen, das gesamte Marketing – alles, was ein Produktionsort/ Theater als Struktur zur Verfügung stellt, muss man selbst erschaffen.

Ein weiterer Unterschied ist die Auswertung.

Die freie Theaterproduktion wird im guten Fall als Koproduktion geplant und hat dann einen sicheren Platz in der nächsten Spielzeit aller Koproduzent:innen. Das ist im Vorfeld mit den jeweiligen räumlichen Adaptionen gut zu kalkulieren und gibt Sicherheit. Auch eine misslungene Produktion findet ihren Platz und ruiniert nicht den Produzierenden.

Beim Film gibt es diese Sicherheit im Grunde nicht. Es sei denn, man produziert im Auftrag eines Streamingdienstes oder eines Fernsehsenders. Ist der Film fertig, bewirbt man sich zumeist kostenpflichtig weltweit auf Filmfestivals. Die weitere Auswertung obliegt einem Verleiher – so man ihn findet – und sieht danach den Ankauf des Films durch einen TV-Sender vor, auch hier vorausgesetzt, man findet überhaupt einen. Abschließend folgt die Online-Auswertung. Der Auswertungsradius ist beim Film zwar viel größer, aber das schlägt sich nicht finanziell nieder. Wird ein Film zu einem Filmfestival eingeladen, erhalten die Produzierenden nur dann Geld, wenn der Film dort einen Preis gewinnt.

Da Geld die Voraussetzung für das freie Produzieren von Theater, Performance oder Film ist, ist man als Künstler:in und Produzent:in von Förderentscheidungen vollkommen abhängig. Auf kommunaler Ebene sind es teilweise die identischen Förderinstitutionen, auf Bundesebene unterscheiden sie sich.

Unabhängig, ob Theater/Performance oder Film – das Wichtigste beim Produzieren ist für uns die künstlerische Freiheit. Wenn wir uns etwas als freie Kunstproduzent:innen wünschen, dann ist es, dass Kurator:innen und Redakteur:innen, Produktionshäuser und vor allem die Mitglieder der Fördergremien die Freiheit der Kunst gegen gesellschaftspolitische Vereinnahmung schützen, sich gegen Moralisierung und Pädagogisierung der Kunst wehren und auch dem Abseitigen, Schrägen und moralisch Ambivalenten, dem Unwägbaren und Unkalkulierbaren weiterhin Raum und vor allem auch Förderung geben.

Sind wir eine Fabrik?

Amelie Deuflhard und Stefan Hilterhaus im Gespräch über prekäres Produzieren, die Idee des bedingungslosen Grundeinkommens und Kunst als Ressource für die Demokratie

Freies Produzieren begreifen viele automatisch als prekäres Produzieren. Stimmt diese Gleichsetzung, oder welche Aspekte werden übersehen?

AMELIE DEUFLHARD: Wichtig ist, dass wir differenzieren: In den Institutionen, die wir leiten, arbeiten wir mit festangestellten Mitarbeiter:innen. Auf der anderen Seite gibt es Künstler:innen und Kollektive, die strukturell durchaus prekär arbeiten – insofern, als sie keine festen und gesicherten Einkünfte haben, oder, wenn es ganz schlecht läuft, Einkünfte auch komplett wegfallen können. Das würde ich schon prekäres Produzieren nennen.

STEFAN HILTERHAUS: Grundsätzlich gibt es natürlich nicht *die eine* Form des Produzierens, sondern sehr, sehr viele. Mich interessiert, was dieser Begriff – der ja aus einem bestimmten arbeitsweltlichen Zusammenhang stammt – eigentlich bedeutet. Sind wir eine Fabrik? An unseren Häusern tragen wir die Verantwortung dafür, dass Künstler:innen in der Zeit, in der sie bei uns arbeiten, eine ausreichende Finanzierung erhalten. Dafür gibt es Mindeststandards. Aber die Produktionszeit macht ja nur einen Teil des gesamten künstlerischen Prozesses aus – recherchieren, experimentieren, sich weiterbilden, kooperieren, trainieren, all diese konstituierenden Elemente brauchen eine andere Wertschätzung. Darin sehe ich das Prekäre.

DEUFLHARD: Wir sind eine Fabrik! Kampnagel Kulturfabrik. Ich mag diese Verbindung von einem künstlerischen Produktionsbegriff mit dem einer Werkshalle strukturell gerne, auch wenn die Arbeit eine ganz andere ist. Der Einzug von Künstler:innen-Gruppen in den 1970er- und 1980er-Jahren in ehemalige Industriegebäude hatte ein klares Konzept: neue Produktionsformen für nicht mehr genutzte Produktionsräume zu erfinden. Aber ich stimme Stefan zu – Produktionsgelder in fast allen Fördermaßnahmen nur für das pure Produzieren zu vergeben und nie für die Zeit dazwischen, das ist, als würden Wissenschaftler:innen ausschließlich dafür bezahlt, ihre Forschungsergebnisse aufzuschreiben, aber nicht für das Forschen selbst. Wie künstlerische Arbeit in ihrer Umfänglichkeit entlohnt werden kann, ist die Kernfrage, die uns in den kommenden Jahren beschäftigen wird.

Worin genau liegt die Freiheit für Kunstschaffende in den freien Produktionsstrukturen?

HILTERHAUS: In der Selbsterfindung und in der Selbstbeauftragung von Vorhaben – und im besten Fall dann im Aufbau von eigenständigen Strukturen. Das können Initiativen, Kollektive oder selbstverwaltete Produktionsorte sein, die ja auch zunehmend entstehen, oder Künstler:innen verbinden sich miteinander über und in Produktionsbüros. Manche docken temporär an unseren Häusern an und verlassen uns wieder. Darin liegt auch die Möglichkeit, sich ein deutlich heterogeneres, freieres Feld an Themen, Kooperationen und Formen zu erschließen, die ansonsten häufig von den Institutionen vorgegeben werden. Diese Optionen bestehen schon heute – was aber fehlt, ist ihre Wertschätzung und dauerhafte ökonomische Absicherung. Dabei braucht unsere Gesellschaft das Wissen, das auf diese Weise produziert wird, unbedingt als Ressource.

DEUFLHARD: Vom Ökonomischen abgesehen, liegt die Freiheit für freie Gruppen und Kollektive darin, dass sie in ganz anderem Maß als etwa Stadttheater-Regisseur:innen oder -Choreograf:innen ihre Teams viel autonomer zusammenstellen können. Diese Gruppen sind wie kleine Start-ups, die mit eigenen Verbündeten an einem Projekt arbeiten. Der Preis dafür ist hoch, denn es ist immer abhängig von der jeweiligen Projektförderung und bis zuletzt unsicher, wie groß das Team werden kann. Aber diese Art des Arbeitens in wechselnden Konstellationen ist extrem attraktiv für Künstler:innen in jeder Phase ihres Werdegangs. Uns wurde ja früher oft unterstellt, wir seien quasi nur Nachwuchseinrichtungen. Tatsächlich sind wir Einrichtungen, die auf nationaler und internationaler Ebene mit ganz jungen ebenso wie mit längst etablierten und international sehr erfolgreichen Künstler:innen arbeiten, weil jenseits des deutschen Stadttheatersystems ohnehin nur so gearbeitet wird.

Welche kulturpolitischen Rahmenbedingungen bräuchte es, um diese »Start-ups« zu stärken? Wo müsste Förderung ansetzen?

HILTERHAUS: Die Stärkung von selbstbestimmten Modellen und auch temporären Initiativen der Zusammenarbeit wird ein wichtiger Schlüssel sein, um der Vielfalt der Ansätze gerechter zu werden.

Auf der Makroebene sollten wir bei der Idee des bedingungslosen Grundeinkommens ansetzen. Das könnte bei Künstler:innen geprüft und in verschiedenen Varianten getestet werden – Ansätze haben wir ja während der Pandemie gesehen –, obwohl ich natürlich dafür bin, dass es alle Bürger:innen bekommen. Wir wissen, wie groß die Vorbehalte dagegen sind, aber das bedingungslose Grundeinkommen sollte als ein Instrument für die Stabilität zukünftiger Gesellschaften und der Demokratie ernsthaft erprobt werden.

DEUFLHARD: Die Künstler:innen-Förderung sollte grundlegend überdacht werden. Gute Ansätze haben wir zum Beispiel bei den »Neustart Kultur«-Programmen des Fonds Darstellende Künste gesehen, denen jahrelange Forderungen der Freien Szene nach genau solchen Forschungs- und Residenzformaten vorausgegangen sind, wie sie in der Pandemiezeit in Zusammenarbeit mit unserem Produktionshäuserbündnis vergeben worden sind. An »Neustart« sieht man, wie produktiv es sein kann, mit Künstler:innen zu diskutieren, was ihre aktuellen Bedarfe sind, woran sie gerne forschen möchten, wohin sie sich entwickeln möchten – und diese Recherchearbeit in Form von Residenzen oder Stipendien zu entlohnen, ohne direkt auch einen Produktionsauftrag damit zu verknüpfen. Das weiterzudenken ist wichtig und ermöglicht nicht zuletzt uns Produktionshäusern, mit sehr viel mehr Künstler:innen zusammenzuarbeiten und mit ihnen gemeinsam langfristig Projekte zu entwickeln, als wir das im Rahmen von spielzeitgebundenen Koproduktionen könnten.

HILTERHAUS: Was Amelie beschreibt, hat viel damit zu tun, wie Kunst als Kraft in einer Gesellschaft überhaupt gesehen wird. Der Abend, der auf der Bühne stattfindet, ist ja nur ein Teil eines reichen kommunikativen Prozesses, ein Extrakt aus künstlerischen Praktiken, Genres und Formen sowie Kollisionen. Dieses Wissen stellt auch eine enorme Ressource dar, um sie in den Alltag und ganz andere Kontexte zu übersetzen. Während der »TakeCareResidenzen« des Fonds Darstellende Künste haben die Künstler:innen Zeit gehabt, unter anderem damit zu experimentieren und nachzudenken: Was sind unsere Anliegen in einer sehr gefahrvollen Situation, nicht nur auf die Pandemie bezogen, sondern auch mit Blick auf die Klimakatastrophe, weltweite Krisen und die Gefährdung der Demokratie? Diese grundlegenden Fragen – was machen wir, für wen, mit wem und wofür? – sind oft noch fruchtbarer, als das Nachdenken über bessere Produktionsprozesse.

Welche Modelle des Produzierens wären denkbar, die vielleicht noch gar nicht erprobt sind?

DEUFLHARD: Produzieren kann man auf verschiedene Art und Weise. Nehmen wir das Beispiel Nachhaltigkeit. Schon vor fünfzehn Jahren gab es ein Treffen zwischen Künstler:innen und Wissenschaftler:innen vom Institut für Klimafolgenforschung. Leider gab es damals zu wenig Zeit – und zu wenig Verständnis dafür, wie die jeweils andere Seite arbeitet, und deshalb ist diese Begegnung damals erstmal folgenlos geblieben. Die Wissenschaftler:innen etwa wussten nicht, dass Kunst auch politisch sein kann, sondern dachten eher, Kulturinstitutionen könnten ihnen nur dabei helfen, ihre Forschung besser zu vermarkten. Aber es könnte uns weiterbringen, wenn die Kunst langfristig in einen

Austausch geht mit anderen Bereichen der Gesellschaft und damit andere Dialoge stiftet. Die Zusammenarbeit, die der Künstler Philippe Quesne mit dem Soziologen Bruno Latour und seinen Studierenden an seinem Theater in Nanterre begonnen hatte, fand ich vorbildlich. Genauso wichtig ist die Forschung am Publikum.

Inwiefern?

DEUFLHARD: Ein Publikum ist ja keine begrenzte Menge von weißen bürgerlichen Menschen mit Abitur und Studium. Jeder Mensch, der in diesem Land lebt, ist potentiell Teil unseres Publikums. Aber wie schaffen wir es, Verbindungen herzustellen, die das Potential haben, Dynamiken für eine viel größere Gruppe von Menschen zu schaffen, die mitbekommen soll, was an unseren Theatern stattfindet? Dafür brauchen wir Produktionsformen, die nicht nur ergebnisorientiert sind, sondern die auf Partizipation in der Breite und auf eine viel längere Zeitschiene setzen. Natürlich sind auch andere Themen in diesem Kontext relevant: Postkolonialismus, Migration und Flucht, erstarkende Rechtsbewegungen. Wenn Künstler:innen sich mit den Themen beschäftigen, die ihnen selbst am dringendsten erscheinen, dann erreichen wir darüber die Menschen, die sich ebenfalls für diese Themen interessieren, aber vielleicht bisher nicht auf dem Schirm hatten, dass die auch künstlerisch an unseren Häusern bearbeitet werden. Wir können hier große Beiträge leisten, weil wir frei denken und frei forschen dürfen. Diese Freiheit ist in die Kunstfreiheit eingeschrieben und schafft uns enorme Potentiale.

HILTERHAUS: Dazu gehört auch die Überlegung, wie sich sehr unterschiedliche Wissensformen gleichwertig begegnen können, um vielfältige Stimmen, Genres, Disziplinen und unsere Wahrnehmung in Bewegung zu setzen. Die Kunst hat viel Erfahrung im Umgang mit Debatten und Konflikten sowie mit dem Erproben von anderen Formen und Praxen von Teilhabe und Mitsprache. Das sind alles wertvolle Ressourcen, um Demokratie nicht nur als Staatsform, sondern als Gesellschaftsform zu verankern. Daraus ergeben sich andere Notwendigkeiten. Es braucht offene Orte oder Zusammenkünfte, an denen die gesamte Zivilgesellschaft ihre

Anliegen anders verhandeln und mit ihnen experimentieren kann. Davon können möglicherweise auch die Parlamente noch lernen.

Was folgt daraus für die Produktionshäuser?

HILTERHAUS: Dass wir inklusive Orte sind, die auf Vertrauen, Respekt und Solidarität basieren, wo die Freude, das Experiment, die Komplexität und neue Ideen begrüßt werden.

Für diese Bezüge braucht es Strukturen, Fürsorge und künstlerische Formate, die sich immer neu befragen, die vielleicht auch zeitweise ihre Souveränität zur Disposition stellen.

Das wirft auch Fragen der Ethik, des Zusammenwirkens und der Lebensqualität auf, um nicht der omnipräsenten Logik des Wachstums und der Einzelprojekte zu folgen. Wenn wir die Perspektive umdrehen und realisieren, dass es um die Zukunft der Gesellschaft und unserer Lebenszusammenhänge geht, ergeben sich für unsere Orte neue Aufgaben. Dann gewinnen sie Bedeutung als öffentliche Orte für die Verhandlung von Überlebensstrategien und Widersprüchen, als Resonanzräume – und nicht nur als Kunstproduktionsstätten.

DEUFLHARD: Ich gebe Stefan recht: In dem Maße, in dem der öffentliche Raum seit Jahrzehnten immer mehr privatisiert wird, braucht es uns als öffentliche freie Orte, die zumindest nicht primär konsumorientiert sind. Ich finde, dass man das in der bleiernen Corona-Zeit sehr stark gemerkt hat. Was besonders gefehlt hat, das waren öffentlicher Austausch, öffentliche Debatten, öffentliches Leben. Zusammen mit den Künstler:innen und Expert:innen, mit denen wir arbeiten, bringen wir neue relevante Themen und natürlich auch Kontroversen in den gesellschaftlichen Diskurs. Über die künstlerische Auseinandersetzung mit gesellschaftlicher Realität ergeben sich neue Perspektiven, lassen sich Visionen entwickeln.

Das Gespräch fand am 28. 6. 2021 via Zoom statt.

Amelie Deuflhard ist seit 2007 Intendantin von Kampnagel Hamburg.
Stefan Hilterhaus ist seit 2002 künstlerischer Leiter von PACT Zollverein, Essen.

GLOBUS

Der Festivalfisch und das Wasser

Fragen zum transnationalen Produzieren darstellender Kunst

Von Martine Dennewald

Ich schreibe diesen Text in einer Sprache, die beginnt, mir wieder fremd zu werden. Ich schreibe ihn an einem Ort, der erst seit Kurzem mein Zuhause ist, der seit alters her von der Nation der Kanien'kehá:ka als »Tio'tia:ke« bezeichnet wird und viel später von den Kolonialmächten den Namen »Montréal« erhalten hat. Die Landrechte für dieses Gebiet sind von den Kanien'kehá:ka nie abgetreten worden; man spricht daher von *territoire traditionnel non cédé*.

Die historischen und juristischen Hintergründe dieses andauernden Zustands kolonialer Gewalt zu erläutern, ist hier nicht mein Anliegen, auch wenn die Auseinandersetzung damit dringend und notwendig ist. Es geht mir auch nicht vorrangig darum, im Schreiben Zeugnis abzulegen vom Ritual der *reconnaissance du territoire*, das hier bei jeder öffentlichen Ansprache, jeder Podiumsdiskussion, jeder Festivaleröffnung so sehr zum guten Ton gehört, dass es oft kaum noch wahrgenommen wird. Es ist nur so, dass ich ungern im Allgemeinen über das Produzieren von Kunst im Rahmen von internationalen Festivals spreche, sondern lieber im Besonderen, und das setzt voraus, dass ich meine Situation als *weiße* Europäerin in Tio'tia:ke benenne. David Foster Wallace erzählte 2005 in einer Ansprache an die Abschlussklassen des Kenyon College von den Fischen, denen nicht klar ist, dass sie sich im Wasser bewegen: »What the hell is water?« Der Festivalfisch muss sich nicht nur der Existenz des Wassers bewusst sein, er sollte auch wissen, in welcher Art von Wasser er schwimmt.

Das ist oft leichter gesagt als getan. Viele der großen europäischen Festivals sind im Geiste einer als universal verstandenen, sprich eurozentrischen Völkerverständigung gegründet worden (etwa die Salzburger

Festspiele 1920, Avignon und Edinburgh jeweils 1947). Der Erfolg und das Renommee dieser Festivals, der vom Globalen Norden dominierte Kunstmarkt, der unhinterfragte Kanon *weißer* europäischer Hochkultur, die als selbstverständlich erachtete Förderung durch die öffentliche Hand trugen damals wie heute dazu bei, dass transnationale Kooperationen im Prinzip in einer Schieflage stattfinden, die allzu lange unter Berufung auf gute Absichten und die moralische Unbefleckheit der Kunst ausgeblendet wurde. Der heutige Anspruch an Theater- und Festivalmacher:innen, in einzelnen Projekten eine Kommunikation »auf Augenhöhe« herzustellen, verlagert nun komplexe gesellschaftliche und geopolitische Prozesse in die Verantwortung von Einzelpersonen und ist im besten Fall eine produktive Überforderung.

Die Arbeit an diesen Fragestellungen ist dennoch notwendig, auch weil der aktuelle Diskurs, zumindest so wie er in den sozialen Medien, in den freien Szenen, bei den progressiveren Festivals und an den Hochschulen geführt wird, die Produktions- und Präsentationsbedingungen von Kunst mitdenkt und weil Künstler:innen mit aktivistischem Engagement viel schneller und präziser ihre Kritik an den herrschenden Widersprüchen formulieren, als das bisher der Fall war. Wie gehen wir mit asymmetrischen Machtverhältnissen in transnationalen Koproduktionen um, in welchen Worten beschreiben wir sie? Sind wir insgeheim überzeugt, Künstler:innen aus dem Globalen Süden zu »helfen«, wenn wir mit ihnen zusammenarbeiten? Wie kuratieren wir internationale Festivals, ohne auf ethnografische Kategorien oder extraktivistische Vorgehensweisen zurückzugreifen? Warum halten wir an Unterscheidungen zwischen Kunst und Folklore, Tradition und Moderne fest, die doch wesentliche Bestandteile des kolonialen Projekts sind? Wie verhalten wir uns zur Auslöschung indigener künstlerischer Praxis und ihrem möglichen Wiederaufleben *(resurgence)*, hier auf Turtle Island oder, um den innereuropäischen Kolonialismus ins Spiel zu bringen, in Sápmi? Warum soll unser Publikum einerseits möglichst divers sein, sich andererseits aber den Verhaltensnormen eines *weißen* Bildungsbürgertums fügen? Welche Sprachen sind wir bereit zu lernen, um die Kommunikation mit Künstler:innen zu vereinfachen – nur die alten Kolonialsprachen?

Im zunehmend versauerten Ozean

Dort, wo diese Fragen die Grundlage für internationale Kooperationen bilden, entsteht trotz aller Unzulänglichkeiten, Missverständnisse und Fehltritte ein geteilter Raum, eine Art Schrebergarten am Rande der Stadt oder mittendrin; kein utopischer Ort, sondern einer, wo die Gärtner:innen die Topografie kennen oder sie erforschen und eine Kritik an ihr formulieren können. Damit geht zum Beispiel einher, dass Verantwortlichkeiten und Erwartungen so genau wie möglich artikuliert werden; dass Zeit, sprich Geld, eingeplant ist für Konflikte und ihre Lösungsversuche sowie für eine sinnvolle Auswertung nach Projektende; und dass niemand das für sie:ihn gängige Modell der Zusammenarbeit als so selbstverständlich erachtet, dass es nicht diskutiert werden müsste. Im besten Fall bleiben die Produktionsbedingungen während des Projekts immer Thema, auch schleichende Veränderungen der Absprachen werden erkannt und verhandelt, und das Feedback von außen kommt nicht nur von *weißen* deutschsprachigen Kritiker:innen (auch darauf haben Festival- und Theatermacher:innen Einfluss). Wer Verträge oder Budgets aufsetzt, kann sich die Frage stellen, ob je nach Zusammenarbeit kulturelle Konzepte wie *ikigai* (生き甲斐, japanisch für »Lebenssinn«), *ubuntu* (»Menschlichkeit« oder »Gemeinsinn« in den Nguni-Bantusprachen Südafrikas) oder *reciprocity* (Grundsatz der Gegenseitigkeit, mit dem etwa der Yellowknives-Dene-Autor Glen Coulthard die Beziehungen zwischen verschiedenen Lebewesen beschreibt) in ihnen einen Platz finden. Expertise in Bereichen wie Diskriminierungskritik, *empowerment*, gewaltfreie Kommunikation kann genauso problemlos in das Projekt einfließen wie Video- oder Tontechnik.

Der Festivalfisch schwimmt nun aber auch, das ist ihm mit einiger Verspätung klar geworden, in einem zunehmend versauerten Ozean. Es hilft nicht, auf andere, noch schädlichere Industrien und Betätigungsfelder zu verweisen, auch international koproduzierte Kunst trägt zum CO_2-Ausstoß bei, auch Kulturinstitutionen verbrauchen mehr Ressourcen, als ihnen in einem Regime der gerechten globalen Verteilung zuständen. Eine vernünftige Schlussfolgerung (wenn auch nur ein Tropfen auf den heißen Stein) wäre, Flugreisen ganz sein zu lassen. Doch in dem Wunsch nach Mobilität, nach der Möglichkeit, sich frei und relativ günstig in der Welt zu bewegen, verhaken sich Klimakrise und Kolonialität. Nicht genug damit, dass ein deutscher Pass seinen Inhaber:innen ohnehin schon weitaus mehr Reisefreiheit gewährt als die allermeisten anderen Pässe der Welt (nach dem Henley Passport Index mehr als doppelt so viel wie etwa ein ecuadorianischer Pass). Der Verzicht auf interkontinentale Reisen kommt aufstrebende Künstler:innen aus dem Globalen Süden auch ungleich teurer zu stehen als europäische Regie- und Choreografie-Stars, deren Werke nun noch höher im Kurs stehen, wenn sie konzeptionell auf eine Erarbeitung auf Distanz ausgerichtet sind, so dass niemand mehr dafür ins Flugzeug steigen muss. Und selbst die nachvollziehbare Bemühung, die Tourpläne von Kompanien klimaeffizienter zu gestalten, indem mehr Orte innerhalb eines gewissen Radius bespielt werden, hat ihre Schattenseite, denn sie führt dazu, dass insgesamt weniger unterschiedliche Ästhetiken und Inhalte zirkulieren, dass das Bild, das wir von der Tanz- oder Theaterszene eines Landes haben, ein ärmeres ist.

Welche Beziehungen eingehen?

Wie sähe also eine in postkolonialer Hinsicht gerechte und gleichzeitig klimafreundliche Reiseplanung für transnationale Kollaborationen aus? Wie können wir einerseits anerkennen, dass die Ressourcen dieser Erde endlich sind, und andererseits substantielle Mittel einsetzen für Künstler:innen aus den Ländern, die am wenigsten zur Krise beigetragen haben, jedoch die Hauptlast der Schäden tragen? Welche Beziehungen möchten wir miteinander eingehen, nicht-menschliche Wesen eingeschlossen? Wie bauen wir diese Relationalität in unsere Institutionen ein, wie prüfen wir, dass wir mindestens so viel zurückgeben, wie wir genommen haben? Wie können wir in unseren Kunstprojekten füreinander Sorge tragen, ohne das Ökosystem unseres Planeten noch mehr zu strapazieren?

Diese Fragen sind nicht neu, aber mir scheint, von den Antworten hängt einiges ab, so dass es sich lohnt, sie dennoch und zum wiederholten Male aufzuschreiben. Wie wir uns als Festival- und Theatermacher:innen dem Zusammenhang von Klimakrise und Kolonialität stellen, determiniert ganz praktisch die Planung und Durchführung internationaler Kunstprojekte in all ihren Einzelheiten. Wenn man sie hochrechnet, hat unsere Haltung nicht nur Einfluss auf die Arbeitsbedingungen von Künstler:innen und Mitarbeiter:innen, auf die Relevanz und Resilienz unserer Institutionen, auf die zukünftige Entwicklung von Theater, Tanz und Performance – sondern darauf, wem global gesehen überhaupt welche Zukunft zuteil wird.

Das transkulturelle Kontinuum

Über die Raumzeit bei Gintersdorfer/Klaßen

Von Rahel Leupin

Die deutsch-ivorische Gruppe Gintersdorfer/Klaßen ist ein außergewöhnliches Phänomen in Westeuropa – schon insofern, als ihre sechs Kernmitglieder Monika Gintersdorfer, Knut Klaßen, Franck Edmond Yao, Hauke Heumann, Skelly Taregue († 2021) und Gotta Depri seit 2005 kontinuierlich zusammenarbeiten und über sechzig Arbeiten produziert haben. Diese stetige Verpflichtung und Treue zu den langjährigen Mitgliedern ruft einerseits Kritik hervor, die solche Kollaborationen als besitzergreifend oder sogar missbräuchlich labelt. Andererseits zeigen langlebige transkulturelle Unterfangen, was solche Kollektive zusammenhält: Verantwortung und Vertrauen. Letzteres meint, dass die Verantwortung eine kontinuierliche Empfänglichkeit für die Verwobenheiten aller Beteiligten fordert.

In vielerlei Hinsicht stehen Gintersdorfer/Klaßen für eine zeitgenössische Generation transkultureller Theatermacher:innen, die sich dem Pluralismus als neuem Produktions- und Aufführungsstandard verschrieben haben. Diese Theatermacher:innen arbeiten im postdramatischen Sinn kollaborativ miteinander. Die Arbeitspraxis von Gintersdorfer/Klaßen weist aber über das bloße Ziel hinaus, westliche Hegemonie zu entlarven und Entscheidungsmacht demokratisch unter allen Teilnehmenden zu verteilen. Gintersdorfer/Klaßen sind mehr als nur ihre Performances. Die Arbeiten unterlaufen das herkömmliche Konzept des Produzierens – weil es ihnen nicht primär um die Produktion einer Arbeit geht. Gegen das Ergebnisorientierte steht bei Gintersdorfer/Klaßen eine Raumzeit, die vom Prozess bestimmt wird. Ihre Arbeit ist Kontinuum, serielle Bewegung, oder besser: eine *Assemblage* und eine Diskussion zwischen Menschen, Orten und Material(ien). Indem sie

Zeit gemeinsam erleben, vertiefen die Beteiligten ihre wechselseitige Verbundenheit. Sie repräsentieren das Transkulturelle nicht, sondern reflektieren es, hinterfragen es, fordern es heraus und setzen es neu zusammen.

Gintersdorfer/Klaßen haben eine Raumzeit etabliert, die innerhalb einer Vielzahl von Werten, Moralbegriffen und Codes operiert. Diese wiederum entstehen als Reaktion auf die Belange und Anliegen von Institutionen.

Ihre Praxis zeigt die Unmöglichkeit, die Arbeiten losgelöst von größeren organisatorischen Strukturen zu betrachten (Premierendaten, limitierte Produktionszeiträume und -räume, finanzielle Entscheidungen etc.). Sie überwinden Dichotomien wie das Hier vs. Dort, Wir vs. Sie, Leben vs. Kunst, Produkt vs. Prozess. Ihre wirtschaftliche Strategie bricht mit der institutionellen Logik der projektbasierten Förderung, indem die finanziellen Ethiken der Beteiligten akzeptiert und regelmäßig Vorschüsse gezahlt werden. In ähnlicher Weise wird auch die Honorarlogik auf den Kopf gestellt, wenn Gintersdorfer/Klaßen zum Beispiel mit etablierten, international bekannten Künstler:innen arbeiten, die nicht unterhalb einer gewissen Gage zusagen. Gintersdorfer/Klaßen gehen auf die Forderung ein, erhöhen in dem Fall aber auch die Gagen der Kernmitglieder, um Gehaltsunterschiede zwischen verschiedenen »Kategorien« von Darsteller:innen zu vermeiden.

Außerdem gehören die Kostüme den Performer:innen, nicht der Produktion. Manche Darsteller:innen tragen ihre Kostüme im Alltag, in Videoclips oder anderen Arbeiten, die nicht von Gintersdorfer/Klaßen produziert werden. Was dazu führt, dass die »richtigen« Kostüme auf Tournee oft nicht vorhanden sind. In dem Fall tragen die Perfomer:innen ihre Alltagskleidung oder Trainingssachen auf der Bühne. Ein Phänomen, das Klaßen »Verjogginghosung« nennt (Klaßen im Gespräch mit der Autorin, 23. Februar 2015). Diese emanzipatorische Praxis ermöglicht den Darsteller:innen einen Akt des Widerstands. Es wird nicht die Vision einer Person (Regisseur:in oder Kostümbildner:in) erfüllt – sondern eine Vielzahl von Macher:innen ist präsent, die kontinuierlich die Performance (neu)konfigurieren.

Die Raumzeit von Gintersdorfer/Klaßen ist weder von einer kollektiven, ideologischen Identität geprägt noch von dominanten Werten oder Moralvorstellungen. Vielmehr werden zahlreiche, mögliche Realitäten simultan ausgelebt, ohne den Zwang, sich für die eine oder die andere zu entscheiden.

Das Zusammensein lebt von der ständigen Reibung zwischen Normen und Standards. Anstatt die Darsteller:innen zu »disziplinieren«, richten Gintersdorfer/Klaßen ihre Praxis nach ihnen aus. Sie legen zum Beispiel keine genauen Probenpläne fest, denn sie wissen nie, wer wann kommt. In diesem Sinne gründet ihre Praxis auf einer pluralistischen Sensibilität. Sie zeigt ein Bewusstsein dafür, dass es auf die Frage »Was ist richtig?« in manchen Kontexten nicht die eine, eindeutige Antwort gibt. Indem sie nicht vorgeben, was richtig oder falsch ist in Bezug auf Ethik und Produktionsstandards, produzieren Gintersdorfer/Klaßen so wenige Ausschlüsse wie möglich. Ihre Raumzeit hat den Charakter eines Labors, in dem verschiedenen Möglichkeiten andeutungsweise eine Form gegeben wird, während die Grundlagen, Einschränkungen und Grenzen eines institutionalisierten Rahmens ausgetestet und hinterfragt werden.

Aus dieser Perspektive betrachtet, steht die Raumzeit bei Gintersdorfer/Klaßen für einen Zustand des Suchens, der Verwobenheit von Kluften, Kontroversen, Widersprüchen und Improvisationen, die bestimmt davon sind, *wie* man teilnimmt, *wie* man sich in den geteilten Raum involviert. Ihre Praxis deutet Formen von Möglichkeiten an. Sie werden aber nie auf eine finale Bedeutung festgelegt.

Verwendete Literatur

Der Text beruht auf einem Artikel derselben Autorin: Leupin, Rahel: »Making the Intercultural: The Rehearsal Processes of Gintersdorfer/Klaßen«, in: *Contemporary Theatre Review* (2018), Vol. 28, No. 4, S. 504–521.

Perspektive grenzenlos: Wie Produktionsstrukturen wachsen können

Von Judith Knight

Die Anfänge von Artsadmin im Jahr 1979 scheinen mir gar nicht so lange her zu sein, aber in den Augen junger Produzent:innen und Künstler:innen liegen sie vermutlich eine Ewigkeit zurück. Wenn ich daran zurückdenke, dass es weder Internet noch E-Mails gab und wir noch nicht mal ein Faxgerät besaßen, frage ich mich, wie wir unsere Arbeit überhaupt erledigen konnten – nur über Telefonate und Briefe (Erinnern Sie sich noch?). Aber trotz der nicht vorhandenen Technologie haben wir Arbeiten produziert und sie in die ganze Welt auf Tournee geschickt. Wenn ich zurückblicke, weiß ich nicht, wie wir das geschafft haben. Unser Büro war auch voller Babys und manchmal Hunde. Es herrschte Chaos – produktives, kreatives Chaos.

Warum wir Artsadmin überhaupt gegründet haben, und warum zu diesem Zeitpunkt? In den 1970ern erlebte Großbritannien die Explosion dessen, was man damals »experimentelles Theater« nannte – interdisziplinäre, innovative, ortsspezifische Kunst. Überraschende, manchmal schockierende, durchweg spannende Arbeiten entstanden im ganzen Land. Obwohl punktuell Förderung dafür existierte, gab es insgesamt wenig Unterstützung und entsprechend auch keine Kontinuität. Die Mehrzahl dieser Arbeiten war vergänglich, sie wurden nicht aufgezeichnet (Videotechnik steckte in den Kinderschuhen und war noch sehr teuer) und blieben entsprechend nur denjenigen im Gedächtnis, die das Glück hatten, sie zu sehen. Es gab überhaupt nur wenige Möglichkeiten, sich und seine Arbeit weiterzuentwickeln. Weswegen ich zusammen mit einer Kollegin den Versuch unternehmen wollte, daran etwas zu ändern – und Artsadmin gründete.

Wir fingen in einem winzigen Büro an, teilten uns den Job mit einer anderen Theaterkompanie, verdienten entsprechend die Hälfte eines (geringen) Einkommens und liehen uns eine Schreibmaschine und einen Wasserkocher! Wir dachten, wir würden unsere neue Firma bewerben müssen, aber die Nachfrage unter Künstler:innen nach Unterstützung im Bereich Produktion war so groß, dass wir von Anfang an überrannt wurden.

Ein paar Worte zu dem Namen Artsadmin. Damals waren Produzent:innen Leute, die in kommerzielles Theater investierten und es produzierten. Alle anderen, die das Theatermachen ermöglichten, wurden in Großbritannien »Administratoren« genannt. Artsadmin klingt sehr langweilig – und ich bin schuld! Vielleicht hätten wir noch einen zusätzlichen Slogan gebraucht: »Viel spannender, als es klingt!« Wer uns traf, merkte das auch bald – aber bei der ersten Begegnung dachten viele, wir verbringen unsere Zeit einzig und allein damit, Budgets zusammenzustellen und Förderanträge zu schreiben. Das haben wir natürlich auch getan. Aber eben noch vieles mehr. Im Grunde alles, was gemacht werden musste: von den ersten (und immer spannenden) Gesprächen mit Künstler:innen zu ihrer Projektidee über die Suche nach Partner:innen, künstlerischen Mitstreiter:innen, Förderung, Tourmöglichkeiten und Räumen bis zur Präsentation des Endergebnisses.

Die ersten Jahre waren anstrengend, aber aufregend. Wir lebten von der Hand in den Mund, ohne Förderung, und ohne dass Artsadmin als kommerzielles Unternehmen hätte funktionieren können – was wir sowieso nicht wollten. Wir haben Aufträge nie angenommen, weil die Künstler:innen *zahlen* konnten, sondern weil uns die Projekte begeisterten, inspirierten, weil wir sie mit all unserem Enthusiasmus und unserer Energie unterstützen konnten. Unsere künstlerischen Entscheidungen waren wichtig und haben über die vielen Jahre die Identität von Artsadmin geprägt. Nach circa fünf Jahren konnten wir den Arts Council überzeugen, uns zu unterstützen, und ab dem Zeitpunkt haben wir eine regelmäßige Förderung bekommen.

Unsere Organisation (wenn man sie überhaupt so nennen konnte) wuchs von zwei auf fünf Mitarbeiter:innen, da die Anzahl von Projekten zunahm, aber wir hatten nach wie vor ein sehr begrenztes Budget. Die wichtigste Verbindung für uns war die Brücke nach Europa. Das Mickery Theatre in Amsterdam (unter seinem inspirierenden künstlerischen Leiter Ritsaert ten Cate) war damals wahrscheinlich das wichtigste Theater für innovative Kunst in Europa – und glücklicherweise wurden viele unserer Künstler:innen dorthin eingeladen. Mickery öffnete uns die Tür nach Europa, unsere Produktionen gingen auf dem gesamten Kontinent auf Tournee, wo sie nicht nur mehr Wertschätzung erfuhren, sondern auch besser bezahlt wurden! Das war für Artsadmin und unsere Projekte lebenswichtig. Die Verbindung zu Europa spielte in all den Jahren meiner Leitung eine zentrale Rolle – und der Brexit bricht mir das Herz.

1994 geschah etwas Tolles: Wir fanden einen Ort im Osten von London, ein großes, leerstehendes Gebäude mit kleinen und großen Räumen auf drei Etagen. Wir zogen ein und begannen es als Zentrum für die Entwicklung künstlerischer Arbeiten zu betreiben, vermieteten Probenräume, Büros und etablierten auf diese Weise einen »creative hub«, einen kreativen Umschlagplatz. Dadurch änderte sich alles. Vor allem konnten wir den Künstler:innen nun zwei Dinge bieten, die sie immer brauchen: Zeit und Raum.

Wir beantragten Kapital, um das Gebäude zu kaufen und es auszubauen, errichteten auf dem Dach ein Studio und ein Café. Es entstanden ein Theatersaal mit 280 Plätzen, fünf Probenräume und zehn Büros für Kunstschaffende.

Toynbee Studios wurde 2007 als eine Art Lab neueröffnet, dort wimmelt es vor Künstler:innen aus allen Bereichen: kreieren, einander begegnen, proben, performen, Arbeiten präsentieren, debattieren, Workshops anbieten – alles, was wir uns gewünscht haben, unter einem Dach. Wir beantragten zusätzliche Fördermittel für mehrere Forschungs- und Entwicklungsstipendien, um Künstler:innen neben der Zeit und dem Raum auch etwas Geld anbieten zu können, aber ohne den Zwang, am Ende etwas präsentieren zu müssen. Wir trieben auch Mittel auf, um jedes Jahr eine bezahlte Ausbildungsstelle auszuschreiben – ein großer Erfolg. Plötzlich hatte Artsadmin 25 Mitarbeiter:innen – die natürlich nicht mit einem Mal da waren, aber so fühlte es sich an.

Es lief gut, insbesondere, weil wir das alles nicht von langer Hand geplant hatten! Ich bin die Erste, die zugibt, dass es Learning by Doing war. Wir haben versucht, auf die Bedürfnisse der Künstler:innen einzugehen, das war für uns das A und O. Für sie sind wir morgens aufgestanden, für sie haben wir so viel gearbeitet. Wir haben viele Fehler gemacht, aber eins können wir uns auf die Fahne schreiben: Wir haben mit den spannendsten Künstler:innen zusammengearbeitet. Sie hatten immer die außergewöhnlichsten Ideen. Manchmal dachte man anfangs: »Wie, um Himmels willen, sollen wir das denn umsetzen?« Aber mit den richtigen Partner:innen, in dem passenden Kontext, haben wir es irgendwie geschafft, selbst wenn es länger dauerte als ursprünglich geplant. Es gab und gibt nichts Aufregenderes, als zu sehen, wie ein Projekt, für das man so viel gearbeitet, das man von den ersten Ideen an über den gesamten Prozess begleitet hat, Realität wird. Glückliche Künstler:innen und Zuschauer:innen – das ist die Belohnung, definitiv nicht das Geld!

Die Beziehung zu den Künstler:innen war immer das wichtigste Element unserer Arbeit. In einer Organisation wie Artsadmin, in der man mit vielen Künstler:innen parallel arbeitet, ist Vertrauen eine grundlegende Voraussetzung: Die Künstler:innen müssen wissen, dass wir für sie da sind. Jede:r Produzent:in baut eine starke Beziehung zu ihnen auf und arbeitet im Rahmen des Projektes eng mit ihnen zusammen, Hand in Hand, geleitet von wechselseitigem Respekt.

Nahezu alle Künstler:innen arbeiten interdisziplinär, sie entwickeln oft orts- oder kontextspezifische Werke, auch Auftragsarbeiten. Wir haben kontinuierlich versucht, mit Festivals oder Häusern in Großbritannien oder im Ausland zu kooperieren, um dem jeweiligen Projekt so viele Türen wie möglich zu öffnen. Dieses Projekt kann eine einmalige Sondervorstellung sein oder eine Tournee. Es kann für die Schule nebenan in East London entwickelt werden oder für Sydney oder New York. Es kann eine Installation oder ein Theaterstück sein, ein Solo oder eine Ensemblearbeit. Jedes einzelne Projekt war anders.

Für die Künstler:innen hatte es zahlreiche Vorteile, mit Artsadmin zu arbeiten. Ressourcen zu teilen bedeutet Geld zu sparen, aber vor allem ging es darum, Expertise, Wissen, Netzwerke und Kontakte zu teilen. Für Künstler:innen, die oft alleine arbeiten, entstand dadurch ein Gefühl von Teilhabe – und sie hatten eine Basis bei uns. Natürlich gab es auch immer Schwierigkeiten. Kompromisse mussten eingegangen werden in Bezug auf Prioritäten, Zeitpläne und den Umgang mit dem enormen Arbeitspensum. Eine Herausforderung war es auch, Raum für neue Künstler:innen zu schaffen, aber die engen Beziehungen zu den etablierten weiterhin zu pflegen. Das Stipendienprogramm hat dabei geholfen – obwohl es nie reichte, um so viele Künstler:innen zu unterstützen, wie wir gewollt hätten.

Im Laufe der Zeit sind neue Sparten hinzugekommen. Zusätzlich zu den Stipendien haben wir Showcases und Workshops organisiert, Weiterbildungen, Residenzen und Mentoringprogramme, ein kostenloses Beratungsangebot für Künstlcr:innen, eine jährliche Summer School und einen Jugendrat, Netzwerk-Veranstaltungen und Künstler:innen-Gespräche sowie eine für das Publikum öffentlich zugängliche Veranstaltungsreihe.

Nach vierzig Jahren blicke ich auf zahlreiche großartige Projekte zurück und bin stolz, zu ihrem Erfolg beigetragen zu haben. Vielleicht war unsere wichtigste Leistung die Initiative zur Klimakrise, die Zusammenarbeit mit Künstler:innen, die mit ihren Projekten ein Bewusstsein für dieses dringlichste aller Probleme schaffen. Artsadmin war ein langfristiger Partner des Imagine 2020 Network (nun ACT: Art Climate Transition) mit tollen Kolleg:innen und Netzwerkpartner:innen aus ganz Europa. Es ist wichtig, uns jetzt damit auseinanderzusetzen, wie wir angesichts der Klimakatastrophe weiterhin international zusammenarbeiten können.

Ich weiß, die Art und Weise, wie Produktionen entstehen und verbreitet werden, hat sich geändert und wird sich weiterhin ändern. Es wird mehr langfristige Projekte geben, wie zum Beispiel Residenzen, und mehr Partizipation, dafür weniger Tourneen, bei denen man von einem Ort zum nächsten reist. Genaueres Planen wird notwendig sein und mehr Technologie zum Einsatz kommen. Künstler:innen müssen und werden Wege finden, international, aber nachhaltig zu kooperieren. Wir zählen zu den frühen Unterzeichner:innen der Initiative »Culture Declares Emergency« (Kultur ruft den Notstand aus), die sich CO_2-Neutralität bis 2025 zum Ziel gesetzt hat, und haben das Programm »Season for Change« initiiert, um alle Kunstorganisationen zu ermutigen, sich in Zukunft wirklich mit dem Thema zu befassen.

Artsadmin wird mit den neuen Leiterinnen, Róise Goan and Deborah Chadbourn, wachsen und blühen – trotz Covid und Brexit. Ich habe die Organisation, die ich gegründet habe und die mir sehr am Herzen liegt, in gute Hände übergeben. Das Wichtigste, das ich gelernt habe? Die Künstler:innen zu lieben, auf Augenhöhe zu arbeiten, kühn zu sein, Risiken einzugehen, nachhaltig zu produzieren, flexibel zu sein und nicht zu vergessen: Kunst hat viel mehr Macht, als wir alle glauben. Sie kann die Welt wirklich verändern.

Adaption vs. Automation

Wie die Gruppe Rimini Protokoll ihre Produktionen globalisiert

Von Juliane Männel

Die Spielanordnung *Hausbesuch Europa* (Haug/Kaegi/Wetzel) hat seit ihrer Berliner Premiere im Mai 2015 bereits in 17 verschiedenen Ländern Teilnehmende um Ess-, Schreib- oder Couchtische jeglicher Art versammelt. (Unter www.homevisiteurope.org lassen sich die Abstimmungsergebnisse und Gruppenfotos zu allen stattgefundenen Vorstellungen abrufen.) Der Blick auf die Weltkarte mit ihren vielen Pins für bereits veranstaltete Hausbesuche illustriert ziemlich treffend das Prinzip lokaler Adaptionen, mit dem einige der Rimini-Protokoll-Inszenierungen in den vergangenen Jahren auf Tour gebracht wurden. Es entspricht der Idee, dass bestimmte Fragestellungen und mit ihnen verbundene Spielprinzipien nicht nur im stadtinternen, lokalen Kontext des Premierenortes relevant sind, sondern dass sich die entworfenen Konzepte auch auf andere Städte, Gemeinschaften, Länder übertragen lassen. Der Arbeitsprozess an diesen Adaptionen lässt sich am ehesten als eine gemeinsame interkulturelle Recherche, ein Modulieren und Transformieren beschreiben. Er ist ein beständiges Verflechten der Konzeptidee mit ihrer konkreten Ausformulierung vor Ort – immer mit dem Ziel, möglichst präzise zu beschreiben. Weniger ein globales Anpassen also als vielmehr ein lokales Gestalten.

Grundvoraussetzung für dieses Arbeitsprinzip ist, auf der Basis der Projektidee in einem anderen gesellschaftlichen Kontext präzise und relevante Texte zu erarbeiten. Um diesem Anspruch gerecht zu werden, ist die verlässliche Kenntnis lokaler Zusammenhänge, aktueller politischer Diskussionen und stadtrelevanter Themen entscheidend. Diese Form der Adaption setzt eine enge, mehrmonatige Zusammenarbeit mit lokalen Kollaborateur:innen für die Recherche, die Koordination von Castings und Routen-Scoutings voraus. Als Produktionsleiterin habe ich einige dieser Produktionen auf Tour begleitet. Die Herausforderung dabei ist vor allem, eine möglichst präzise Beschreibung der benötigten Arbeitsstrukturen zu vermitteln, zwischen verschiedenen Arbeitssystemen zu moderieren, unsere internen Arbeitsroutinen in ein neues Arbeitsumfeld zu übersetzen. Den Aufwand eines regulären Gastspiels übersteigt dieser Prozess bei Weitem, denn er bedeutet vor allem erhöhte Anforderungen an die Veranstalter:innen, was die personelle Unterstützung und die Dauer der Probenprozesse betrifft.

Die Umsetzung unseres Audio-Walks *Remote X* (Kaegi, UA: April 2013) – bei dem eine Gruppe von 50 Besucher:innen mit Kopfhörern ausgestattet von einer künstlichen Stimme durch verschiedene Situationen einer Stadt gelotst wird – setzt jeweils ein bis zwei Vorreisen für das Routen-Scouting voraus, gefolgt von einem mehrmonatigen Prozess, in dem lokale Genehmigungen für das Betreten bestimmter Orte eingeholt werden müssen, und bedeutet final vor der Premiere einen zwei- bis dreiwöchigen Endprobenprozess, in dem Textfassung und Sounddesign ortsspezifisch entwickelt werden.

Die Produktion *100 % Stadt* (Haug/Kaegi/Wetzel, UA: Februar 2008) lädt jeweils 100 Bewohner:innen einer Stadt auf die Bühne ein. Ausgangspunkt ist dabei ein Castingprozess, der nach dem Schneeball-Prinzip funktioniert – der:die erste Teilnehmer:in benennt jeweils den:die Folgende:n – und der im Gesamten die Kriterien des Mikrozensus einer Stadt abbildet. Dem zweiwöchigen Endprobenprozess mit den größtenteils theaterunerfahrenen Teilnehmer:innen geht bei dieser Produktion ein jeweils lokaler, rund sechsmonatiger Vorlauf voraus, den unser Regieteam über regelmäßige Telefonate und geteilte Online-Arbeitsdokumente kontinuierlich begleitet und gemeinsam mit den Veranstalter:innen berät, wenn Probleme auftauchen. 2019 beispielsweise geriet der Vorbereitungsprozess zu *100 % Hong Kong* aufgrund der lokalen Massenproteste ins Stocken. Es stand zu befürchten, dass es durch die Blockaden der öffentlichen Verkehrsmittel keine Möglichkeit mehr geben würde, überhaupt ins Theater zu gelangen, und die Frage stand im Raum, ob man mit einer Theatervorstellung am Sonntagnachmittag die lokalen Proteste nicht geradezu untergräbt. Jetzt – wo die Aufführung pandemiebedingt immer noch nicht umgesetzt wurde – geht es eher um die Frage, ob es überhaupt noch möglich ist, Teilnehmer:innen zu gewinnen, die sich trauen, auf einer Bühne Fragen zu beantworten, die eine eindeutige Haltung zu bestimmten Themen öffentlich machen.

Routinen flexibel halten

Verankert ist das Prinzip internationaler Adaptionen auch in den Finanzierungssystemen unserer Produktionen. Sie kommen oft nur zustande, weil wir ein Netz an internationalen Koproduktionspartner:innen von Anbeginn für die Projektideen gewinnen können. Auf diese Weise werden internationale Kontexte dann bereits in den ersten Proben mitgedacht, die Inszenierungsideen auf Kompatibilität überprüft.

Um der Dichte an Neu-Produktionen, Gastspielen und Adaptionen beizukommen und auf Erfahrungswissen vorangegangener Produktionen aufbauen zu können, sind wir im Berliner Büro zu einem Team aus fünf festangestellten Mitarbeiter:innen und zwei bis drei Assistenzpositionen gewachsen. Hier treffen Projektideen, die immer wieder versuchen, die Grenzen von Theater auszuloten, auf einen Produktionsapparat, der über die Jahre Arbeitsstrukturen verstetigen muss, um Projekte möglichst effizient und realistisch planen und umsetzen zu können. Die Formate der Produktionen changieren zwischen Stadtspaziergängen, appbasierten Anwendungen, Inszenierungen in einem LKW, Projekten mit Tieren oder Robotern, Spielformaten in Privatwohnungen, Video-Walks in Museen und Aufführungen im Theaterraum. Viele einmal erarbeitete Routinen sind nicht eins zu eins aufs nächste Projekt übertragbar. Der Prozess, Strukturen zu verstetigen, bedeutet deshalb gleichzeitig, sie unbedingt flexibel, reaktionsfähig und durchlässig für neue Inszenierungskonzepte zu halten. Flankiert wird diese Auseinandersetzung von der Frage, wie sich überhaupt dauerhaft Stellen aufbauen lassen, wenn die Höhe von überjährigen Konzeptfördergeldern nicht ausreicht, um die Menge an Personal zu zahlen, das nötig wäre, um einen Apparat zu generieren, der nicht dauerhaft auf Mitarbeiter:innen an Belastungsgrenzen setzt.

Die Lernstrukturen innerhalb eines wachsenden Teams beschäftigen uns immer wieder. Wie lässt sich Wissen möglichst konzentriert und präzise weitergeben, wie erarbeiten wir gemeinsam einen Wissensstand, auf den sich alle berufen, auf dem alle aufbauen können? Und wie können wir Erfahrungen so austauschen, dass Raum und Zeit für Reflexion,

Feedback, das Hinterfragen von eingespielten Produktionsabläufen und die Aneignung von neuen Themenfeldern bleibt?

Die Beschäftigung mit nachhaltigen Produktionsweisen ist beispielsweise ein Thema, das für sich betrachtet keinesfalls neu ist, das aber eine neue Ernsthaftigkeit benötigt, um seine Umsetzung endlich auf realistische Füße zu stellen. Das meint vor allem das gemeinsame Hinterfragen von etablierten Arbeitsabläufen. Produzent:innen sind häufig die Schnittstelle, wenn es um Machbarkeit und finanzielle Realisierbarkeit von nachhaltigen Konzepten geht. Die Recherche von umweltfreundlichen Materialien, von energiesparenden Transportroutinen, von Wiederverwertungsstrukturen inklusive Inventarisierung, Weiterverkäufen oder -vermietungen vorrätiger Ressourcen, von ordnungsgemäßem Verschrotten usw. – all das benötigt Zeit (die auch im Stellenprofil verankert sein muss), um die aufgeworfenen Fragen zu bearbeiten und sie auch während des laufenden Produktionsbetriebes immer wieder neu einfordern zu können. Das bedeutet zum einen, die internen Schwerpunktsetzungen neu zu definieren, zum anderen aber auch eine Verständigung mit Veranstalter:innen und Zuwendungsgeber:innen, denn eine nachhaltige Produktionsweise ist ja oft nicht die kostengünstigste Variante einer Umsetzung.

Ohne Reisen um die Welt

Mit *Konferenz der Abwesenden* (Haug/Kaegi/Wetzel) kam im Juni 2021 erstmals ein Konzept zur Aufführung, bei dem das erklärte Ziel war, keine Expert:innen, kein Rimini-Team, kein Bühnenbild und keinen Technik-Koffer auf Reisen zu schicken. Ausgangsfrage für diese Produktion war, ob es möglich ist, ein Konferenzformat zu entwickeln, das über jeweils lokale Vertreter:innen für unsere Expert:innen zum einen, aber auch für unser reisendes Team funktioniert. Eine Art Versuchsanordnung über globale Zusammenarbeit in Zeiten einer globalen Krise, in der die Regeln der Repräsentation geändert werden. Kein CO_2-Ausstoß durch Reisen, aber eben auch keine verkrisselte Videokonferenz. Konkret bedeutet das, dass in jeder Aufführung wieder neue, spontane Vertreter:innen aus dem Publikum für die Besetzung der Expert:innen-Positionen auf der Bühne gefunden werden müssen. Gelingt dies nicht, ist die Vorstellung beendet.

Expert:innen, Technik und Bühnenbild reisen schlussendlich tatsächlich nicht. Ein kleines Rimini-Team von zwei bis drei Personen allerdings schon. Das Einkürzen des eigenen reisenden Teams erhöht die Intensität an digitaler Kommunikation im Vorfeld um ein Vielfaches, die Bestandteile des Bühnenbildes beispielsweise sollen möglichst aus bereits vorhandenem Material im Fundus zusammengetragen werden. Der Technical Rider wird dabei zu einer Art Meta-Text, der die nötigen Vorbereitungs- und Handlungsroutinen auf Seiten der Veranstalter festhält. Das verlangt von allen Beteiligten ein enormes Durchhaltevermögen. Und wirft gleichzeitig Fragen auf, welche Jobs dadurch eigentlich abgeschafft werden, welche neu formuliert werden müssen und wer darüber entscheidet. An welchen Stellen setzt man auf künstlerische Extravaganz und wo tritt sie in den Hintergrund? Welche Produktionsprozesse können automatisiert werden und an welchen Stellen ist das gesammelte Wissen zu spezifisch, um es nur aus der Distanz zu vermitteln? Beide Komponenten zu vereinen und sowohl eine konkrete und relevante Form der Adaption als auch eine ressourcenschonende Methode der Umsetzung zu finden, war die Herausforderung. Und wird es auch in Zukunft bleiben.

Entwicklung in Etappen

Ein Selbstporträt von CAMPO Gent

Wo wir herkommen

CAMPO ist ein Genter Kunstzentrum mit internationaler Ausrichtung, das innovative Formen zeitgenössischer (Performance-)Kunst entwickelt, produziert, präsentiert und auf Tour schickt. Man kann uns als Werkzeugkasten für Künstler:innen begreifen. Als Plattform, die das gesamte Spektrum der Performing Arts abdeckt: Recherche & Entwicklung, Produktion, Präsentation und Postproduktion. Seit den Anfängen 2008, nach dem Zusammenschluss zweier Häuser – einem international vernetzten Haus, das vor allem bereits bestehende Produktionen gezeigt hat (Nieuwpoorttheater) und einem internationalen Produktionshaus (Victoria) – haben wir unsere Kernkompetenzen kontinuierlich erweitert. Heute werden nationale und internationale Arbeiten in CAMPO nieuwpoort gezeigt – und die Produktionen spannender, aufstrebender Stimmen wie unter anderem Florentina Holzinger, Jaha Koo, Julian Hetzel, Sarah Vanhee, Miet Warlop, Louis Vanhaverbeke, Silke Huysmans & Hannes Dereere unterstützt und ermöglicht.

In diesem Sinne führt CAMPO die Arbeit von Victoria fort, ein Haus, das weltweit bekannt wurde für seine Produktionen mit Kindern für erwachsenes Publikum von Künstler:innen wie Alain Platel, Philippe Quesne, Gob Squad und Milo Rau.

Unser Produktionsmodell

Unser Produktionsmodell basiert auf vier Etappen: Recherche & Entwicklung, Produktion, Präsentation und Postproduktion. Wir können jeden dieser Schritte separat anbieten, verschiedene Etappen kombinieren – oder den gesamten Prozess mit den Künstler:innen durchlaufen. Indem wir diese vier Funktionen verbinden, ermöglichen wir es den Künstler:innen, sich weiterzuentwickeln. Manche Künstler:innen arbeiten in der »logischen« Reihenfolge: von der Recherche- und Entwicklungsphase bis zur Tournee. Ein Zyklus, der sich wiederholen kann – bis eine andere Institution die Künstler:innen unterstützen möchte.

Das war zum Beispiel der Fall bei Florentina Holzinger, die mit ihrer Abschlussarbeit bei CAMPO anfing und nun regelmäßig an der Berliner Volksbühne am Rosa-Luxemburg-Platz Regie führt. Ein nicht ganz so logischer Ablauf ist aber auch möglich: Jaha Koos Arbeit *Cuckoo* (2017) wurde von De Pianofabriek produziert, bedurfte jedoch der Unterstützung eines Hauses, das der Arbeit internationale Sichtbarkeit verleihen und die Tournee übernehmen konnte. Das wiederum hat zur nächsten Performance geführt, die den gesamten Produktionsprozess bei CAMPO durchlief. Julian Hetzels Arbeit dagegen wurde erst vor unserem lokalen Publikum gezeigt, bevor wir daraufhin seine Performances *All Inclusive* (2018) und *Mount Average* (2020) produzierten.

Jedes Jahr produzieren wir zwei bis drei neue Arbeiten, die in Europa und weltweit parallel zu älteren Produktionen auf Tournee gehen. Daher sind wir manchmal zeitgleich unterwegs zum Beispiel mit einem dokumentarischen Theaterstück, einem musikalischen Objekttheaterabend und einer post-feministischen Performance. Ein unbeabsichtigter Vorteil dieses Ansatzes ist, dass wir damit unser Netzwerk ausweiten und nicht in die Versuchung kommen, routinemäßig auf Standardlösungen zurückzugreifen.

Unsere Philosophie

CAMPO fungiert oft als Nährboden für Talente: Künstler:innen mit Potential bekommen die Möglichkeit, ihr Können erst in dem geschützten Raum eines kleinen Saals zu entwickeln und danach ihren weiteren Weg zu gehen, wenn sie von internationalen Häusern wahrgenommen werden. Flexibilität steht im Mittelpunkt unserer Arbeit, unabhängig von der Disziplin, dem Genre, dem Inhalt, der Funktion oder des Ansatzes – wir starten immer von Neuem, gehen stets von den Bedürfnissen der Künstler:innen aus. CAMPO ist ein Kunstzentrum, das den bestmöglichen Arbeitskontext für Künstler:innen schaffen möchte. Es gibt nicht die eine Lösung für alle, sondern jede Residenz und jede Produktion wird an die individuellen Bedürfnisse der Künstler:innen angepasst.

Da wir die Künstler:innen bei allen Etappen begleiten, ist CAMPO für Künstler:innen an unterschiedlichen Punkten ihrer Karriere attraktiv – also nicht nur für neue Stimmen, sondern auch für etabliertere Künstler:innen. Dadurch können wir generationsübergreifend arbeiten, es den Kunstschaffenden ermöglichen, voneinander zu lernen, und den etablierteren Namen die Gelegenheit geben, aufstrebende Theatermacher:innen zu fördern. Junge Künstler:innen, die wir durch Verbindungen zu Kunstorten im In- und Ausland kennenlernen, verankern wir in der Wahrnehmung des breiteren Publikums und der Theaterschaffenden.

Nächste Schritte

Grundlegend für unser Haus und unsere Philosophie ist außerdem, dass wir auch den Abschied der Künstler:innen von CAMPO begleiten – ein notwendiger Schritt, damit Raum geschaffen wird für neue Talente. Um eine Fragmentierung der Kulturlandschaft zu vermeiden, ist es uns sehr wichtig, zu langlebigen künstlerischen Karrieren beizutragen. Wenn wir den Eindruck haben, es ist an der Zeit, dass ein:e Künstler:in einen neuen Schritt geht, betreuen wir diese Entwicklung engmaschig. Wir leisten dies nicht nur national und international, sondern auch auf lokaler Ebene: Milo Rau machte seinen Anfang in Gent mit *Five Easy Pieces* (2016), das bei uns gezeigt wurde, bevor er künstlerischer Leiter von NTGent wurde. Miet Warlop kam über eine Nachwuchsplattform zu uns, bevor sie sich einen Namen machte und nun an das Kunstzentrum Vooruit in Gent angebunden ist.

Unsere lokale Verankerung in der Stadt ist für uns mindestens genauso wichtig wie unser internationales Netzwerk. CAMPO boma ist zusätzlich zu den Probenräumen und der Hauptspielstätte unser dritter Standort. Ein Ort mit einer industriellen Vergangenheit, eine ehemalige Werkstatt, durch die CAMPO in den kommenden Jahren noch enger mit der Nachbarschaft zusammenwachsen möchte. CAMPO boma soll ein offener, niedrigschwelliger Ort werden, an dem alle willkommen sind. Ein Ort zum Arbeiten, Entwickeln, Zeigen und Lernen. Ein lebenswichtiger, selbstbestimmter Raum, der allen gehört. Eine Oase der Freiheit für Künstler:innen und Anwohner:innen.

Einheit in der Vielfalt

Der Kunstort SAVVY Contemporary im Porträt

Von Theresa Sigmund

In den vergangenen zwölf Jahren hat sich in Berlin ein Kunstort herausgebildet, der mit seinem internationalen Netzwerk, seinem spezifischen politischen Konzept und seinen poetischen Programmtiteln ein neues Universum eröffnet hat: Der Projektraum SAVVY Contemporary, 2009 gegründet vom kamerunischen Kurator Bonaventure Soh Bejeng Ndikung, der auch promovierter Biotechnologe ist, aus einem Drang heraus, Konzepte von »westlicher« und »nicht-westlicher« Kunst zu hinterfragen, zu dekonstruieren und damit auf blinde Flecken in der (Berliner) Kunstlandschaft aufmerksam zu machen.

Ob im Projekt *We Have Delivered Ourselves from the Tonal – Of, towards, on, for Julius Eastman* (2018), das sich auf die Spuren des genialen, aber wenig anerkannten afro-amerikanischen Komponisten Julius Eastman macht, oder in der Ausstellung *Letter from a Guaraní Woman in Search of the Land Without Evil* (2020) der indigenen brasilianischen Filmemacherin Patrícia Ferreira Pará Yxapy, die ihre Arbeit dem Widerstand gegen das politische System und der Heilung davon widmet. SAVVY Contemporary schauen noch mal genauer hin, fragen noch mal genauer nach. Denn sie wollen die Narrative wiederfinden, die durch koloniale Machtstrukturen ausradiert wurden. »At SAVVY Contemporary we celebrate this plurality of epistemologies as we articulate knowledges as a means of decolonising the singularity of ›knowledge‹«, schreibt Ndikung im Konzept des Ortes. Wenn die Besucher:innen bei SAVVY Contemporary also mit Kunstproduktionen aus Afrika und der Diaspora, Asien, den Pazifik-Regionen und Lateinamerika zusammengebracht werden, dann auch, um diesen globalen Machtverhältnissen zu trotzen und ganz praktisch dekolonial zu handeln.

Es war ein mutiger Schritt, dem westlichen Kunstkanon, der selbst eine so offene Kunstszene wie die Berliner dominiert, zu widerstehen und nicht-westliche Positionen zu präsentieren, um einen ganz eigenen Weg zu erfinden. Dass dieser neue Weg unheimlich wertvoll und wichtig ist, zeigen auch die vielen internationalen Aufgaben, dic Ndikung anvertraut wurden. Als Curator-at-large der documenta 14, als Ko-Kurator der 13. Dak'Art Biennale, als künstlerischer Leiter der Quadriennale Sonsbeek und sicher auch ab 2023 als neuer Intendant am Haus der Kulturen der Welt – Ndikung hinterlässt seine ganz spezielle Handschrift.

Ein großer Teil davon ist Teamwork. Und so hat sich um seinen berühmten künstlerischen Leiter ein sehr diverses und interdisziplinär arbeitendes Team gefunden. Wissenschaftler:innen, Kunsthistoriker:innen, Anthropolog:innen, Designer:innen und Künstler:innen organisieren sich für jedes Projekt neu, nehmen so immer wieder anders Bezug zueinander. Ein sehr nachhaltiges Konzept, wenn es darum geht, auf inhaltlicher und struktureller Ebene jegliche Hierarchien verschwinden zu lassen. Dazu kommen die vielen Kooperationen mit Kulturschaffenden, Kunstorten und Bildungseinrichtungen aus dem internationalen SAVVY-Netzwerk, die neue Impulse leben und geben.

Labor der formgebenden Ideen

Aus dem tiefen Bedürfnis heraus, Netzwerke zu bilden, gemeinschaftlich zu denken und zu handeln, Wissen zu teilen und sich umeinander zu kümmern, agieren sie ganz gegen das kapitalistische Konzept des »einsamen Cowboys«. In den neuen, lichtdurchfluteten Räumen eines ehemaligen Kasinos, die Ecke Reinickendorfer Straße und Gerichtstraße im Wedding liegen, spürt man diese Gastfreundschaft sofort. Sie wollen nicht nur ein kunstaffines Publikum erreichen, sondern auch die Menschen in der direkten Nachbarschaft – an einem Ort des Aufeinandertreffens, des Einbeziehens verschiedenster Körper und des ihr:ihm immanenten Wissens sowie der Machtprojektionen. Sie wollen ein performativer Ort sein, an dem Wissen nicht als vermeintlich objektive und rationale Wahrheit behandelt wird, sondern in sozialen

Handlungskontexten durch Musik, Geschichtenerzählen, Essen, Tanz und Theater hervorgebracht wird.

Sie arbeiten »epistemisch ungehorsam«, genau so, wie Walter Mignolo und seine lateinamerikanische Forschungsgruppe Modernidad/Colonialidad (M/C) es beschreiben, wenn sie das Aufbrechen westzentristscher Strukturen skizzieren und unterschiedlichste Formen der Wissensproduktion feiern. Ob in ihrem Archiv SAVVY.doc, das aus knapp 4000 Büchern besteht – einige sehr seltene stammen aus der Privatsammlung des Ethnologen Arjun Appadurai –, im Projekt *Colonial Neighbours,* das 2016 als kollektives, partizipatives Forschungsprojekt begann und sich mit der kolonialen Vergangenheit und postkolonialen Ignoranz Deutschlands beschäftigt, oder im hauseigenen Radiosender SAVVY ZⱯⱯR und dem Plattenlabel SAVVY Records, die vom ägyptischen Komponisten Halim El-Dabh bis zur indischen Femcee Manmeet Kaur auf eine Reise durch Zeit und Klang laden – es entstehen immer neue Verflechtungen, die einer vereinfachten Geschichtserzählung andere Perspektiven hinzufügen.

SAVVY Contemporary hat sich durch und durch zu einem Dreh- und Angelpunkt dekolonialer, globaler Kunstpraxis entwickelt. Zu einem Ort des Heilens, des Ganzwerdens. Wie der karibische Archipel bei Édouard Glissant ist SAVVY Contemporary »Einheit-in-der-Vielfalt«, Inspirationsquelle und Vordenker:in in Bewegung, nichts Fertiges. Ein Ort des Experimentierens, des Scheiterns, der Innovationen, der Einbeziehungen und Verschmelzungen – ein wahrhaftiges *Labor der formgebenden Ideen.* Durch akribische, schlaue und hingebungsvolle Arbeit entsteht es immer wieder neu.

Abschied vom Global Village?

Carena Schlewitt, Kathrin Tiedemann und Annemie Vanackere im Gespräch über Internationalität, Translokalität und verschobene Grenzen

Gesellschaften haben sich in den vergangenen Jahrzehnten weltweit verändert. Sie werden globaler, diverser, vielstimmiger. Welche Herausforderungen sind damit für die Arbeit der Produktionshäuser verbunden?

KATHRIN TIEDEMANN: Die politischen Konflikte, die es in diesen globalen Zusammenhängen gibt, verstärken oft sehr unmittelbar den Wunsch nach künstlerischer Kollaboration. Gleichzeitig sind es Zusammenhänge, auf die wir kaum direkten Einfluss haben – wir können sie vor allem diskursiv und selbstkritisch in Bezug auf eigene Praktiken begleiten. Schon lange beschäftigen uns zum Beispiel Fragen der Dekolonisierung: Die dabei vorhandenen Konflikte in Bezug auf koloniale Vergangenheit und Gegenwart gilt es anzuerkennen und immer wieder neu auszuhandeln. Die Frage nach den Perspektiven in diesen Diskursen ist komplex: Wer spricht aus welcher Position, wer ist berechtigt, für wen zu sprechen? Damit gehen neue Verantwortlichkeiten einher, die wir in ihren Konsequenzen erst einmal verstehen müssen.

ANNEMIE VANACKERE: Um noch einen Schritt zurückzugehen: Ich erinnere mich, dass Internationalisierung in den 1980er- und 1990er-Jahren eine wichtige Setzung war, um auch in Netzwerken zwischen Häusern Künstler:innen zu unterstützen, die sonst keine Förderung bekamen. In den Nullerjahren kam dazu eine Art Glam-Faktor: Wer als Künstler:in zählen wollte, musste international unterwegs sein. Was das betrifft, befinden wir uns im Umbruch.

Nachhaltigkeitsideen zum Beispiel sind gerade im Kulturbereich ein Veränderungsmotor, der einige Entwicklungen infrage stellt. Dazu zwingt uns einfach die Klimakrise. Natürlich bleibt es wichtig, dass wir uns vernetzen, wenn wir nicht nur Nabelschau betreiben wollen. Zugleich sind unsere Gesellschaften internationaler geworden. Wir haben ein Bewusstsein dafür entwickelt, dass die westliche Perspektive nur eine unter vielen ist und auch nur einen Ausschnitt der Welt im Blick hat. Für mich resultiert daraus eine größere Verantwortung: Herauszufinden, warum tun wir, was wir tun, und warum tun wir es so, wie wir es tun? Das gilt auch in der internationalen Zusammenarbeit.

CARENA SCHLEWITT: Als ich in den 1980er-Jahren in Ostberlin Theaterwissenschaft studiert habe, gab es auch internationales Theater. Wir haben Juri Ljubimow gesehen oder das Theater aus Kaposvár in Ungarn. Aber das westeuropäische Theater blieb zumindest denjenigen versperrt, die nicht reisen konnten. Nach dem Mauerfall haben wir – Kathrin, Aenne Quiñones und ich – am Podewil dann selbst bestimmte internationale Schwerpunkte gesetzt, zum Beispiel mit der »Grenzenlos«-Reihe: »Grenzenlos Moskau«, »Grenzenlos Warschau«. In den 1990er-Jahren spielten diese transformativen Umbrüche ja eine zentrale Rolle. Transformationsgesellschaft ist auch heute noch ein wichtiges Schlagwort, aber wir fassen es viel weiter. In Bezug auf Osteuropa ging es damals um den Einzug des wilden Kapitalismus. Heute setzen wir uns mit dem Entstehen von autokratischen Regimen und Diktaturen auseinander. Angesichts der Komplexität dieser Themen und der Vielzahl von Produktionsformen und künstlerischen Handschriften müssen wir uns aber auch eingestehen: Wir können nicht alles an einem Haus abbilden.

TIEDEMANN: Ich sehe unsere Aufgabe vor allem darin, auf dem internationalen Terrain sehr genau und differenziert zu agieren, andere Perspektiven einzunehmen, die die Verantwortung für kolonial geprägte Verhältnisse nicht ignorieren. Dabei müssen wir immer wieder schauen, wie die eigene Verstrickung in diese Zusammenhänge Teil von Konzepten werden kann, Teil von Diskursen, der Art und Weise, wie wir mit Ressourcen umgehen. Dafür existieren keine Patentrezepte.

VANACKERE: Das Versprechen, das mit Internationalität verbunden war – ein friedliches, vernetztes Global Village –, ist gescheitert. Die meisten Menschen partizipieren nicht an diesem Global Village, die Schere zwischen Arm und Reich klafft weiter denn je. Die Internationalisierung der Künste hat auch nicht zum Weltfrieden beigetragen, stattdessen erstarken die Nationalismen. Zu all dem kommt die Herausforderung durch die Klimakatastrophe, die in den 1990er-Jahren, als ich anfing, beruflich viel zu reisen, noch nachrangig behandelt wurde. All das müssen wir neu denken. Für mich spielt der Begriff translokal dabei eine große Rolle, der bedeutet: Über die eigenen Grenzen hinaus arbeiten und dabei Perspektiven auf die eigene Lokalität erweitern. Wenn wir, nur als Beispiel, mit rumänischen Tanz- und Theaterschaffenden arbeiten, geht es darum, ihre Erfahrungen hier einzubringen und ihren Blick auf uns anzunehmen.

SCHLEWITT: Wobei man berücksichtigen muss, dass unsere lokalen Kontexte jeweils sehr verschieden sind. Es stimmt, dass wir über den Begriff »international« anders nachdenken als vor zwanzig oder dreißig Jahren – aber in Dresden hätte »translokal« nicht die gleiche Bedeutung wie in Berlin.

Welche Fragestellungen stehen im Zentrum Ihrer jeweiligen internationalen Arbeit?

VANACKERE: Es geht darum, sich so mit den Kontexten von Künstler:innen zu verbinden, dass ihre Ästhetiken bei uns vor Ort wirklich erfahrbar werden. Die Begegnung mit neuen ästhetischen Sprachen ermöglicht ein anderes Lernen und eine direktere Erfahrung als das Lesen eines Essays. Wir haben am HAU zum Beispiel das junge feministische Kollektiv LASTESIS aus Chile mit She She Pop zusammengebracht, die von LASTESIS bewundert werden – daraus hat sich eine enorme Power entwickelt. Natürlich ist bei dieser Art des Austauschs immer auch die Frage, wie sich eine vertiefte Kollaboration und Kooperation organisieren lässt. Darüber diskutieren wir auch im Bündnis internationaler Produktionshäuser viel. Wie können wir Künstler:innen, die von weit her zu uns reisen, nachhaltig arbeiten lassen statt nur »Flying Circus« zu spielen?

TIEDEMANN: Je mehr man den Kontext der internationalen Künstler:innen begreift, desto besser kann man in eine Kooperation kommen – sofern die das Ziel ist. Gastspiele einladen, das machen auch Festivals. Für uns ist es wichtig, ein wirkliches Koproduzieren zu versuchen, auch über Hindernisse hinweg – das können Sprachbarrieren sein oder völlig andere Zeichensysteme. In der Zusammenarbeit mit japanischen Künstler:innen habe ich gelernt, dass zum Beispiel in der Region Südostasien gegenwärtig der Austausch zwischen verschiedenen asiatischen Ländern eine viel größere Rolle spielt als der Wunsch, sich an Europa auszurichten – diesem Europa der Moderne, der Aufklärung, des Imperialismus, das für eine bestimmte Dominanz steht und mit dem wir identifiziert werden. Die anderen Regionen dieser Welt versuchen, ihre eigenen Geschichten und Perspektiven aufzuarbeiten. Europäische Akteur:innen geraten dadurch in eine andere Rolle, die wir neu formulieren müssen. Die internationale Karriere ist nicht mehr an die Einladung zu europäischen Festivals gebunden. Eine junge Künstler:innen-Generation orientiert sich längst anders.

SCHLEWITT: Meiner Ansicht nach sind wir aufgefordert, grundsätzlich darüber nachzudenken, was eigentlich die Stärke und Kraft von Kunst in der Begegnung mit dem Publikum ist. Natürlich gibt es noch immer diesen aufklärerischen Impuls. Auf der anderen Seite steht die Rolle, über Ästhetiken das Publikum in andere Realitäten zu versetzen, Anlässe zu schaffen, einen anderen Blick auf die Welt zu werfen – in Rückkopplung zu den regionalen Szenen. Die Internationalität existiert schließlich auch in unserer Gesellschaft. Ich denke da an ein Projekt wie »Home Away From Home« von Polymer DMT/Fang Yun Lo, das sich mit der vietnamesischen Arbeitsmigration in Deutschland Ost und West, aber auch in Taiwan beschäftigt hat, in dem es um die Überschreibungen von Geschichte ging, die permanent stattfinden.

Wie können internationale Allianzen und Kooperationen mit Orten oder Künstler:innen noch nachhaltiger gedacht werden?

SCHLEWITT: Ein Beispiel ist das EU-Projekt »Moving Borders«, das wir ab 2019 zusammen mit Institutionen in Athen, Utrecht, Porto, Straßburg, Warschau und Mülheim a.d.Ruhr entwickelt haben. Das Ziel war, nicht einfach Produktionen zu entwickeln und touren zu lassen, sondern ein Konzept für dieses Thema der beweglichen Grenzen zu denken – und in allen teilnehmenden Städten Varianten dieses Konzepts mit ausgewählten Gruppen oder Einzelkünstler:innen auszugestalten, den sogenannten Local Agents. Zwischen diesen Local Agents wiederum sollte ein Netzwerk entstehen, auch Begegnungen waren vorgesehen. Eine neue Form der Zusammenarbeit. Pandemiebedingt haben die Begegnungen des Projektes auf europäischer Ebene schließlich nur online stattgefunden, die Projekte vor Ort wurden aber umgesetzt. In diese Richtung internationaler Kooperation weiterzudenken, wäre sicher lohnend. Das andere ist die Überlegung, wie wir bewusster mit dem Touring umgehen können. Wenn wir zum Beispiel einen Schwerpunkt mit der brasilianischen Choreografin Lia Rodrigues im Herbst planen, sie aber bereits im Frühjahr unterwegs in Europa ist, findet eben ein Satellit unseres Vorhabens bereits im Vorfeld des Schwerpunktes statt. So können wir Projekte prozessualer und über längere Strecken denken.

VANACKERE: Ich möchte noch einmal auf das Konzept des Translokalen zurückkommen. Wir haben am HAU unter anderem mit der Reihe »Berlin bleibt!« (2019) das Bedürfnis formuliert, verstärkt in der eigenen Nachbarschaft aktiv zu sein. Denn im Gegensatz zu vielen anderen Theatern haben wir tatsächlich Nachbar:innen. In Berlin-Mitte ist das zum Beispiel nicht der Fall. Wie können wir dauerhaft in unserem direkten Umfeld aktiv sein, eben auch in Verbindung mit den Künstler:innen und Gruppen, mit denen wir schon lange arbeiten, seien es She She Pop, Gob Squad oder die ungarische Theatermacherin Edit Kaldor? Wie können diese Künstler:innen unserer Nachbarschaft neue Impulse geben? Ein anderes Instrument, um sinnvolle internationale Allianzen aufzubauen, ist unsere digitale Bühne HAU4. Ich finde es spannend, Formate zu entwickeln, die für das Internet gedacht sind, statt einfach im Internet Theater zu spielen. Uns wird weiterhin die Frage beschäftigen, wie wir uns im HAU4 international vernetzen und unseren lokalen Kontext genauso wie die politischen

Kontexte der Künstler:innen in diesem Umfeld weiterdenken und -entwickeln können.

TIEDEMANN: Ein Aspekt, der in all diesen Zusammenhängen auch nicht vergessen werden sollte, ist die Arbeit von transnational agierenden Gruppen und Ensembles wie Gintersdorfer/Klaßen, mit denen uns eine langjährige Zusammenarbeit verbindet. In der Pandemie ist offensichtlich geworden, wie Einreisebeschränkungen diesen Kompanien ihre Arbeit verunmöglichen – und dass für sie auch keine Unterstützung vorgesehen war. Natürlich, es wurden jede Menge Hilfsprogramme aufgesetzt und Gelder mobilisiert, aber um an diese Unterstützung zu gelangen, brauchte es die deutsche Staatsbürgerschaft oder den Nachweis, schon mehrere Jahre kontinuierlich in Deutschland gefördert worden zu sein. Das ist einerseits nachvollziehbar. Auf der anderen Seite weist es auf den prekären Status von Künstler:innen hin, die in Deutschland leben und arbeiten, aber keinen deutschen Pass besitzen. Und natürlich stehen nicht nur Künstler:innen vor diesem Problem. Wie lassen sich Zugänge gerechter organisieren? Das ist eine der Fragen, die ich mitnehme aus der Zeit der Lockdowns.

Das Gespräch fand am 1. 7. 2021 via Zoom statt.

Carena Schlewitt ist seit der Spielzeit 2018/19 Intendantin von HELLERAU – Europäisches Zentrum der Künste, Dresden.

Kathrin Tiedemann ist seit 2004 künstlerische Leiterin und Geschäftsführerin des FFT (Forum Freies Theater), Düsseldorf.

Annemie Vanackere ist seit der Spielzeit 2012/13 Intendantin und Geschäftsführerin des HAU Hebbel am Ufer, Berlin.

ZUKUNFT

Anleitung zur Selbstbefragung

Was ist diese »Diversität«, von der alle reden – und (wie) kann sie produziert werden?

Von Melmun Bajarchuu

In der Freien Szene pflegen wir einen virtuosen Umgang mit Moden, Buzzwords, Hypes und diskursiven Schwerpunkten für unser Spielzeitprogramm und im Festivalzyklus. Unter dem Oberbegriff »Diversität« lassen sich einige dieser Schwerpunktthemen aus den vergangenen Jahren zusammenfassen: Migration, Kolonialismus, Rassismus, Ableismus, Audismus, Klassismus, Ageismus, Queerfeindlichkeit, Transfeindlichkeit, Sexismus und das Patriarchat im Allgemeinen.

Die dahinterliegenden diskriminierenden Strukturen – und die Art, wie sie in uns wirken und durch uns weitergeführt werden – werden meist nicht weiter untersucht. Unsere eigenen Verstrickungen können wir nicht auflösen, indem wir lediglich nach mehr »Diversität« rufen. Es braucht eine Haltung zu diesen Diskriminierungsformen, damit daraus Handlungen entstehen können und »Diversität« bzw. »Vielfalt« nicht nur marktgängige Werbeslogans bleiben.

Unsere Gesellschaft ist ungleich und bringt Ungerechtigkeiten hervor. Dabei geht es insbesondere um Ungleichheiten, die bestimmte Menschen aufgrund von spezifischen Markierungen und Erfahrungen marginalisieren und ausgrenzen, also um eine Qualifizierung von Ungleichheit – denn natürlich sind wir nicht gleich und nicht jede Ungleichheit führt zu Diskriminierung. Die Kategorien, aufgrund derer Menschen ausgegrenzt werden, sind unter anderem Geschlecht, sexuelle Orientierung, Behinderung, chronische Erkrankung, Alter, Nationalität/ethnische Zugehörigkeit/Rassifizierung (rassistische oder antisemitische Zuschreibung), Religion und Weltanschauung, Sprache, sozialer Status, Bildungshintergrund, sozioökonomischer Hintergrund, west- oder ostdeutsche Herkunft. Und am härtesten trifft es oft Menschen, die Mehrfachdiskriminierungen erfahren, die sich also an den Intersektionen mehrerer Diskriminierungsformen befinden.

Wenn wir nach »Diversität« rufen, sollte es darum gehen, Zugänge zu schaffen in den Kunst- und Kulturbereich, der schließlich aus Steuergeldern finanziert wird. Es geht um mehr gesellschaftliche Vielfalt und Teilhabe im Kulturbetrieb. Was wir damit erreichen, sind eine Erweiterung eines bislang bekannten Horizonts, viele unterschiedliche Perspektiven, Veränderung von Sehgewohnheiten, Ermöglichung und Erzeugung anderer Erzählungen – nicht nur über, sondern unter der Beteiligung von bisher unterrepräsentierten Teilen der Gesellschaft. Und ist nicht gerade Partizipation die Grundlage eines modernen Demokratieverständnisses?

Alle Positionen sind relevant

Die Forderung nach oder die Behauptung von »Diversität« oder »Vielfalt« benötigt ein tiefer gehendes Nachdenken über diskriminierende und ausschließende Strukturen, an die wir uns zu sehr gewöhnt haben. Diejenigen, die es geschafft haben – die also bereits präsent sind in den Institutionen, auf den Bühnen, in den Jurys, in der Kulturpolitik, in den Arbeitsgruppen etc. –, wissen nicht, wie es ist, *nicht da zu sein*. Worin bestehen Zugangsbarrieren? Was haben sie mit vorherrschenden Normen und ungleichen Machtverhältnissen zu tun? Und wie kann eine diskriminierungskritische Praxis aussehen? Warum braucht es »diversere« Menschen in der Szene? Reicht nicht die künstlerische Auseinandersetzung damit, die Tatsache, dass diese Themen auf der Bühne verhandelt werden?

Nein, denn gelebte Realität ist von zentraler Bedeutung. Unterschiedliche Erfahrungen und Perspektiven prägen, wie wir miteinander kommunizieren, welche Schwerpunkte wir setzen, wie wir miteinander arbeiten und Kunst machen und in welchen Geschwindigkeiten.

Daher gilt es auch, nicht nur sichtbare Positionen mit Diversity-Tokens zu besetzen, sondern marginalisierte Perspektiven in allen Bereichen zu fördern, in der Öffentlichkeitsarbeit, in der Technik, als Produktionsleitungen, als Praktikant:innen, als Auszubildende, als Buchhalter:innen – und natürlich auch als Kurator:innen, Intendant:innen und Geschäftsführungen. Alle Positionen sind relevant, und es darf keine falsche Hoffnung auf die alleinige Durchschlagskraft von marginalisierten

Menschen in sogenannten Führungspositionen gesetzt werden. Wenn es sie gibt, brauchen sie unbedingt Unterstützung von solidarischen Verbündeten und auch Raum, um Fehler zu machen, zu scheitern und wieder neu anzusetzen.

Wenn wir eine Bestandsaufnahme versuchen: Wo treffen wir auf diversere Lebenshintergründe und -vordergründe in der Freien Szene? Gibt es sie in verantwortungsvollen Positionen und Funktionen, die kuratorische Entscheidungen treffen und Gelder verwalten? Wem trauen wir solche machtvollen Positionen zu und auf welcher Basis? Vor allem: Wer traut sich das selbst zu? Haben Menschen in Leitungsfunktionen Erfahrung mit Personalverantwortung? Erhalten sie oder nehmen sie sich Raum zur Weiterbildung? Werden sie evaluiert? Und wenn ja, von wem und nach welchen Kriterien?

Die Strukturen der Freien Szene sind gewachsen und reproduzieren sich zumeist. Es gibt in den Performing Arts bisher wenig Transparenz über Besetzungsprozesse, vor allem in Leitungspositionen. Zumeist existieren keine klar definierten Kriterien, und externe Expertise findet wenig Berücksichtigung. Es herrscht fast Geheimniskrämerei in Bezug auf interne Abläufe. Angesprochen darauf, wird die Verantwortung gegenüber den Künstler:innen sowie der immer willkommene Produktionsdruck genannt. Es gibt wenig Raum für Reflexion, Ressourcen werden nicht geschont und es findet ein fast maschinenartiges Abarbeiten statt. Es zeigt sich ein Produzieren in einem kapitalistisch geprägten System, das übertüncht wird mit der Kritik, die in den Bühnenarbeiten verhandelt wird.

Wie weitermachen? Einige Strategien und Praktiken

> [...] *survival is not an academic skill.* [...] It is learning how to take our differences and make them strengths. *For the master's tools will never dismantle the master's house.* They may allow us temporarily to beat him at his own game, but they will never enable us to bring about genuine change.
> (Audre Lorde in *Sister Outsider: Essays and Speeches,* Hervorhebung i. O.)

Wenn wir nicht in die Slogan-Falle tappen wollen, brauchen wir konkrete Strategien und tägliche Praktiken und zwar gemeinsame, um Diversifizierung voranzutreiben. Es kann keine Checkliste geben, aber einige Grundgedanken – für alle, die es ernst meinen:

Es braucht grundlegende *institutionelle Veränderung*, das heißt, Transformationsprozesse oder Veränderungsprozesse, die echten Wandel mit sich bringen. Es darf keine Tokenisierung von Einzelnen aus marginalisierten Gruppen geben, also Menschen, die als Feigenblätter herhalten sollen. Es bedarf einer Veränderung auf entscheidungstragenden Ebenen, zum Beispiel Leitungsebenen. Auch dort geht es nicht um einen reinen personellen Wechsel, sondern um das Schaffen anderer Strukturen. Denn unterdrückende Hierarchien können auch von marginalisierten Menschen reproduziert werden. Die zentrale Frage lautet, wie Machtakkumulation vermieden werden kann.

Das Frustrierende dabei ist wohl, dass es sich hier um *langwierige und teils schmerzhafte Prozesse* handelt, weil sie erfordern, Altbekanntes loszulassen. Das braucht Zeit und Geduld. Und viel Raum für (Selbst-)Kritik. Das will erst gelernt werden. Das viel genannte »*Unlearning*« meint genau dies – ein Verlernen, die Auseinandersetzung mit eigenen Privilegien, mit vermeintlichen Selbstverständlichkeiten, mit übernommenen Normen und Machtstrukturen, die reproduziert werden. Damit es nicht beim reinen Nachdenken bleibt, muss eine *Praxis* entstehen, in der Menschen Verantwortung übernehmen für die eigene Rolle, die sie in der Institution einnehmen.

Ein konkreter Schritt ist es, *marginalisierte Perspektiven* nicht nur sichtbar zu machen, sondern zu *zentrieren*. Das bedeutet zum Beispiel die Abfrage von *Access Needs* von Menschen, die von vorherrschenden Strukturen behindert werden, die Berücksichtigung von Wünschen und Bedarfen. Es geht um das Schaffen von anderen Räumen, in denen Aushandlungsprozesse stattfinden können – um Handlungsspielräume. Es braucht Räume für Kritik und Räume, um Kommunikationsformen miteinander abzuklären und zu üben – also perfekt für die darstellenden Künste!

Es braucht also Transformation(en) – hin zu machtkritischen, diskriminierungssensiblen, diversitätsorientierten Produktionsbedingungen und -prozessen.

Meine konkreten Vorschläge und einige der damit verbundenen Fragen für diskriminierungssensibles Produzieren in einer vielfältigeren Kulturlandschaft:

Transparenz schaffen

Sind Positionen (feste Stellen, assoziierte Künstler:innen, freie Mitarbeiter:innen etc.) allen zugänglich? Gibt es Voraussetzungen, die nicht bekannt oder nicht ausformuliert sind? Sind Kommunikations- und Entscheidungsstrukturen für alle Beteiligten nachvollziehbar?

Über Arbeitskultur sprechen

Gibt es eine anerkennende und wertschätzende interne Betriebskultur und im Austausch mit Künstler:innen und anderen Produktionsbeteiligten? Gibt es Raum für Kritik an den bestehenden Strukturen, bzw. gibt es Interesse daran? Werden Bedürfnisse abgefragt, bzw. können sie kommuniziert werden?

Verstehen sich die Produktionshäuser als Lern- und Qualifizierungsräume? Werden dafür Ressourcen zur Verfügung gestellt?

Antidiskriminierung institutionalisieren

Gibt es Richtlinien für Angestellte und Freie in Diskriminierungsfällen? Gibt es unabhängige Ansprechpersonen?

Barrieren abbauen

Welche Schritte werden aktiv unternommen zum Abbau von Barrieren? Gibt es eine grundlegende Auseinandersetzung mit Fragen von Inklusion, die über rein räumliche Fragen von Barrierefreiheit hinausgehen? Wird *mit* den Menschen, die auf Barrieren treffen und behindert werden, gesprochen oder lediglich über sie?

Dekolonialität/Antikolonialität zentrieren

Welches Geschichtsverständnis herrscht vor? Gibt es eine Auseinandersetzung mit der spezifischen deutschen Geschichte, die die Art und Weise, wie wir denken, handeln und auch Kunst machen (oder produzieren), prägt? Wie ist der Umgang damit, in welcher Form wird Verantwortung übernommen? Auf symbolischer Ebene oder in der Art und Weise, wie miteinander umgegangen wird, für ein gewaltfreies Zusammenleben?

Powersharing

Gibt es die Bereitschaft von Menschen in privilegierten Positionen ihre Macht zu teilen, das heißt u. a. Ressourcen zur Verfügung zu stellen und sich für weniger Privilegierte einzusetzen? Geschieht das mit den

Bedürfnissen von marginalisierten Menschen im Fokus oder zur Selbstvergewisserung?

In »Logiken des und« denken

Ist ein Denken außerhalb binärer Logiken möglich? Wird eine intersektionale Perspektive eingenommen, die sich nicht vor der Komplexität gelebter Realitäten scheut?

Verantwortung übernehmen

Sind wir in der Lage, gleichzeitig die Freiheit der Kunst zu propagieren und Verantwortung zu übernehmen für die Konsequenzen unserer künstlerischen Entscheidungen? Gibt es eine Auseinandersetzung mit der eigenen Rolle und dem eigenen Gestaltungsspielraum?

Meine Gedanken basieren neben meinen eigenen Erfahrungen in der Freien Szene auch auf der Vorarbeit vieler engagierter Menschen und Gruppen. Die Publikationen von Diversity Arts Culture, der KIWit-Leitfaden für Kulturinstitutionen aus den Erfahrungen der Stiftung Genshagen, das Engagement der »Initiative für Solidarität am Theater« usw. sind wichtige Orientierungspunkte für weitere Auseinandersetzung mit einem kritischen Diversitätsbegriff und für konkrete Handlungsoptionen im Kulturbereich.

Es geht um einen Wandel von einer performativen zu einer transformativen Diversifizierung, die an den Grundfesten der ungleichen Strukturen rüttelt. Und um meine Frage aus dem Titel zu beantworten: Nein, Diversität kann nicht produziert werden, nur praktiziert.

Produktionsagenda 2030

17 Ziele für eine nachhaltige Zukunft –
Wir sind alle in der Verantwortung!

Von Annett Baumast

Im Jahr 2015 – kurz vor den Verhandlungen zum »Weltklimavertrag« in Paris – haben die Vereinten Nationen die Sustainable Development Goals (SDGs) verabschiedet. Diese 17 Nachhaltigkeitsziele, die nach den Millennium Development Goals (MDGs), die den Zeitraum von 2000 bis 2015 abdeckten, als das internationale Leitbild für eine nachhaltige Entwicklung anerkannt sind, werden auch als »Agenda 2030« bezeichnet, da sie bis zum Jahr 2030 erreicht werden sollen.

Was beinhalten diese Ziele? Und an wen richten sie sich eigentlich? Anders als die MDGs, die vor allem arme Länder, die sich am Anfang einer wirtschaftlichen Entwicklung befanden und befinden, im Fokus hatten, nehmen die 17 SDGs *alle* in die Pflicht. Sowohl Regierungen, Wirtschaftsunternehmen und Organisationen, als auch jede:r Einzelne von uns sind angesprochen. Die 17 Ziele, die insgesamt 169 Unterziele beinhalten, decken die folgenden Themen ab:

Ziel 1: Armut in jeder Form und überall beenden
Ziel 2: Ernährung weltweit sichern
Ziel 3: Gesundheit und Wohlergehen
Ziel 4: Hochwertige Bildung weltweit
Ziel 5: Gleichstellung von Frauen und Männern
Ziel 6: Ausreichend Wasser in bester Qualität
Ziel 7: Bezahlbare und saubere Energie
Ziel 8: Nachhaltig wirtschaften als Chance für alle
Ziel 9: Industrie, Innovation und Infrastruktur
Ziel 10: Weniger Ungleichheiten
Ziel 11: Nachhaltige Städte und Gemeinden

Ziel 12: Nachhaltig produzieren und konsumieren

Ziel 13: Weltweit Klimaschutz umsetzen

Ziel 14: Leben unter Wasser schützen

Ziel 15: Leben an Land

Ziel 16: Starke und transparente Institutionen fördern

Ziel 17: Globale Partnerschaft

Diese Ziele beinhalten alle drei Dimensionen von Nachhaltigkeit: Ökologie, Ökonomie und Soziales und bieten einen Orientierungsrahmen, um das eigene Handeln im Kontext einer globalen nachhaltigen Entwicklung zu verorten.

Was hat das ganz konkret mit internationalen Produktionen zu tun? Es geht darum, die eigene Arbeit vor dem Hintergrund einer nachhaltigen Entwicklung zu durchleuchten und – in Bezug auf die 17 Ziele – sehr konkret zu fragen, zu welchen dieser Ziele ein Beitrag geleistet werden kann und soll, der dauerhaft in eigene Prozesse und Abläufe integriert wird. Kunst- und Kulturschaffende sowie auch Kultureinrichtungen aus vielen Ländern setzen sich heute damit auseinander, was die 17 Ziele (und ihre 169 Unterziele) für ihre Arbeit bedeuten können.

Klar ist, dass die inhaltliche Auseinandersetzung mit Nachhaltigkeitsthemen und -zielen schon seit Jahren, wenn nicht Jahrzehnten, auf den Bühnen dieser Welt stattfindet. Was aber (immer noch) zu kurz kommt, ist das Hinterfragen der eigenen Praxis, das erst allmählich intensiver diskutiert wird. Die 17 Ziele helfen hier, indem sie ganz konkrete Themenbereiche vorgeben und z. B. in Bezug auf das Ziel 12 (Nachhaltig produzieren und konsumieren) Fragen aufwerfen, wo eigentlich die Anknüpfungspunkte bei den eigenen Produktionen sind, und was sich zum Positiven ändern lässt. Vielfach ist bei den Beteiligten bereits umfangreiches Wissen zu – aus Nachhaltigkeitssicht – besseren Produktionsbedingungen vorhanden, das allerdings selten abgefragt und (bislang) noch seltener in die Tat umgesetzt wird. Diese Kenntnisse gilt es zu bergen, aufzubereiten und in Produktionsprozesse einzupflegen.

So können (und müssen) alle 17 Nachhaltigkeitsziele auf Relevanz für das eigene Handeln befragt und in Bezug auf die jeweiligen Produktionsumstände angepasst werden. Für manche Produktionen – je nachdem, wo, mit wem und unter welchen Umständen sie stattfinden – kann beispielsweise das Thema Wasser (Ziele 6 und 14), für andere die Auseinandersetzung mit Gesundheit und Wohlergehen (Ziel 3) im Zentrum stehen, während andere Ziele eine untergeordnete Rolle spielen. Hier gilt es, sich den kreativen Freiraum stets zu vergegenwärtigen und diskursiv mit allen Beteiligten die eigenen produktionsspezifischen Schwerpunkte herauszuarbeiten. Das ist definitiv Arbeit und erfordert – auch noch! – die Berücksichtigung einer zusätzlichen Komponente in allen Prozessen. Hilfreich ist dabei tatsächlich die Orientierungsmöglichkeit an den 17 Zielen, auf die man sich international als Leitbild geeinigt hat und die somit auch eine internationale Verständigungsmöglichkeit bieten, die sich in den kommenden Jahren verfestigen wird.

Grün produzieren

Ein Leitfaden von Julie's Bicycle

Wenn man gegenüber Produzent:innen oder künstlerischen Leiter:innen im Alltag Nachhaltigkeitserfordernisse erwähnt, denken sie sofort an höhere Produktionskosten. Das entspricht jedoch nicht der Realität. Manche Aspekte nachhaltiger Praxis können erhöhte Kosten verursachen, jedoch spart man durch andere Maßnahmen je nach Größe der Produktion bis zu Tausende von Pfund, mit denen man Honorare für mehr künstlerisches und technisches Personal zahlen könnte.

Es gilt zwei Hauptaspekte zu berücksichtigen, wenn man neue, nachhaltige Arbeitsweisen entwickelt: Erstens sollte der Umweltaspekt den künstlerischen und finanziellen Anliegen gleichgestellt werden. Und zweitens müssen sich alle Beteiligten der Produktion von Anfang an dem Nachhaltigkeitsziel verschreiben. Je größer das Engagement innerhalb des Teams – von der Regie bis hin zum technischen Team – desto größer die Bereitschaft, dementsprechend zu handeln.

Eine Frage der Zeit

Zeit ist ebenfalls von großer Bedeutung, wenn es darum geht, eine Produktion grüner zu machen. Sie müssen mehr Zeit einplanen für den Produktionsprozess, um sich der Nachhaltigkeitsziele anzunehmen und sie auch als Priorität zu etablieren. Das Budget für die Honorare der Regie, der Produktionsleitung sowie der Inspizienz sind dementsprechend anzupassen.

Nachhaltige Produkte und Prozesse zu erforschen, zu testen und zu identifizieren, kann mehr Zeit in Anspruch nehmen, insbesondere beim ersten Mal. Zwei zusätzliche Monate, um sich damit auseinanderzusetzen, können ausschlaggebend sein und sollten nach Möglichkeit eingeplant werden. Auch bei der Entscheidung für Künstler:in, Regisseur:in,

Designer:in, für Spielorte, Team und Logistik sind die Nachhaltigkeitsziele zu berücksichtigen.

Kommunizieren Sie Ihr Engagement in Bezug auf nachhaltiges Arbeiten, genau wie Ihre künstlerischen und finanziellen Anliegen. Machen Sie deutlich, dass Sie von allen Beteiligten dasselbe erwarten. Indem Sie das Team dazu einladen, Ideen zur praktischen Umsetzung beizutragen, legen Sie schon zu Beginn der Planungsphase den Grundstein für Ihren nachhaltigen Ansatz.

Materialien

Wie ressourcenschonend ein Bühnenbild ist, hängt maßgeblich von den Materialien und Baustoffen ab: Die Herkunft und Herstellung, der Konstruktionsprozess sowie die Entsorgung im Nachhinein sind hier wichtig. Bis zu 80 Prozent des Fußabdrucks eines Produktes hängen von Entscheidungen ab, die schon während des Designs getroffen werden; daher ist es wichtig, Nachhaltigkeit von Beginn an mitzudenken. Durch nachhaltigere Stoffe sowie Bau- und Entsorgungsweisen kann man einen großen Einfluss darauf nehmen, wie die Produktion ökologisch abschneidet. Indem Sie recycelte Materialien priorisieren, leisten Sie direkt einen Beitrag für das Kreislaufsystem.

Energie

Energie ist nahezu immer der größte beherrschbare Aspekt einer Produktion, egal, ob sie drinnen oder draußen stattfindet. Sprechen Sie bei Produktionen, die fest an einem Spielort verankert sind, mit der zuständigen Gebäudeverwaltung, um mehr über die Energiebilanz zu erfahren, und schlagen Sie dort einfache Maßnahmen vor, um die Energiekosten zu senken. Im Saal sind meistens Heizung, Belüftung und Klimatechnik die wichtigsten Faktoren, und die zuständige Person sollte die Parameter dieser drei Aspekte für flexiblere Temperatureinstellungen und natürliche Belüftungsmöglichkeiten anpassen.

Mit der Bühnenbeleuchtung sollten Sie sich ebenfalls ausführlich befassen, da es dort ein hohes Potential für signifikante Energieeinsparungen gibt. Der LED-Markt entwickelt sich schnell und die zur

Verfügung stehenden Lösungen haben sich im Laufe der letzten Jahre bedeutend verbessert. Die Bereitschaft von Lichtdesigner:innen, eine Kombination aus Energiesparlampen und LEDs zu erproben, wächst.

Transport

Mit einer Produktion auf Tournee zu gehen, bringt in Bezug auf Nachhaltigkeit sowohl Chancen als auch Kosten mit sich. Je mehr Zuschauer:innen eine Arbeit sehen, desto geringer der relative Fußabdruck einer Produktion. Indem die Künstler:innen anstatt des Publikums reisen, verringert man einerseits die Emissionen der Zuschauer:innen. Andererseits kann der Transport des Bühnenbilds und des Equipments CO_2-intensiv sein. Für nachhaltige Tourneen sind die Planungsphase und das Reisen mit öffentlichen Transportmitteln sowie CO_2-armen Transportmitteln entscheidend.

»Im Digitalen begegnen wir anderen Architekturen«

Patrick Wildermann im Gespräch mit Arne Vogelgesang, Gründer des Theaterlabels internil, über Produktionsmöglichkeiten und -beschränkungen im Netz

Worin bestehen in Ihren Augen die Unterschiede zwischen dem Produzieren für den analogen und den digitalen Raum?

ARNE VOGELGESANG: Die Unterschiede liegen in erster Linie darin, in welchen Verhältnissen produziert wird und welche Verhältnisse damit auch reproduziert werden – denn solche Reproduktion geschieht zwangsläufig. Im herkömmlichen Theater, in dem wir als internil den Großteil unserer Arbeiten realisiert haben, fungieren Produktionshäuser auch als Spielstätten. Sie sind die Bühnen. Sie werden ebenso als »Theater« angesprochen wie das Produkt, das darin gezeigt wird. Über das Antragswesen, aber auch über die Spielstätten, wird die künstlerische Arbeit mit der ökonomischen Struktur öffentlicher Förderung verknüpft, die den Großteil dessen finanziert, was wir in Deutschland als darstellende Kunst besprechen. Im digitalen Bereich dagegen sind herkömmliche Spielstätten – auch wenn sie versuchen, sich selbst dort als Ort aufzubauen – derzeit noch keine Spielorte. Sie existieren dort nicht, sie sind höchstens Name von Ausspielungskanälen innerhalb einer größeren Struktur, in der Regel einer privatwirtschaftlichen Plattform. Das ist ein grundlegender Unterschied in den ökonomischen Strukturen.

Was folgt daraus?

Dass eine ganze Reihe von gewachsenen Selbstverständlichkeiten neu zur Verhandlung stehen, etwa kulturelle Fragen wie Sehgewohnheiten und Publikumszusammensetzung, rechtliche Fragen wie Hausrecht oder Sag- und Zeigbares und eben auch ökonomische Fragen. Schon vor Jahren haben vereinzelt Menschen auch im eher nicht kommerziellen Theaterbereich angefangen, mit Crowdfunding für Projekte zu experimentieren. Was die Frage aufwarf: Wie und wann sollten wir etwas, das wir die ganze Zeit als öffentliches, demokratisches Gut besprechen und das staatliche Förderungsmechanismen hat – nämlich Kunst –, privatwirtschaftlich produzieren? Oder von den eigenen Freund:innen finanzieren lassen? Ein praktischer Grund kann natürlich sein, dass der Zugang zu staatlichen Förderstrukturen begrenzt ist. Trotzdem gab es berechtigte politische Gründe, misstrauisch zu sein gegenüber plattformwirtschaftlichen Ansätzen im Theaterbereich. Aber solche alternativen Finanzierungsversuche sind mit der Zeit in meinen Augen plausibler geworden, weil sie digitalen Produktionsbedingungen mehr entsprechen. Mit staatlicher Förderung Internet-Inhalte zu produzieren – das fühlt sich seltsam falsch an.

Welche Schieflage sehen Sie darin?

Die Unstimmigkeit hat viel mit einer gewachsenen Interkultur zu tun, die sehr libertär und gegenüber staatlichen Institutionen eher misstrauisch ist. Daher rührt auch der Diskurs »alternative Medien« vs. »klassische Medien«, der zwar von den Rechten gekapert wurde, aber kein originär rechter Diskurs ist. Auch liberale You-Tube-Producer:innen wie Rezo verstehen sich als Menschen, die eine alternative Produktionsweise haben und damit verbunden auch eine alternative Ökonomie, in der sie produzieren. Eine Authentizität performende Ich-AG unter vielen, von der man sich einreden kann, sie sei unabhängiger, die aber letztlich einfach nur andere Abhängigkeiten zeitigt. Dieser Shift von Abhängigkeiten oder Machtstrukturen lässt sich auch auf anderen Ebenen beobachten, nicht nur der ökonomischen. Sondern, für das Theater interessanter, auch auf der Beziehungsebene zum Publikum. Ich denke, mit einer Zunahme von digitalen Theaterinhalten einhergehend werden irgendwann auch die staatlichen Fördervergabe-Methoden auf den Prüfstand kommen. Das ist kein politischer Wunsch, eher eine Ahnung.

Inwiefern verschieben sich Abhängigkeiten und Machtstrukturen?

Was wir in den vergangenen hundert Jahren als Standardtheatervorstellung etabliert haben, entstammt einem aristokratischen Modell – mit Black-Box-Zentralperspektive, an deren Augpunkt die Fürstin oder der Fürst sitzt und optimal das Bühnenbild sehen kann, das für die Herrschenden entworfen wurde. Und weil Theater ein Reproduktionsmedium ist – als Kunst repräsentiert es die gesellschaftlichen Verhältnisse immer auf irgendeine Art und Weise –, spiegelt es dieses Verhältnis zurück. Eigentlich ist die Bühne der Punkt, von dem man panoptisch das gesamte Publikum sehen könnte, wenn nicht die Scheinwerfer wären, die die Schauspieler:innen blenden – und wenn man nicht das Licht im Zuschauersaal löschen würde. Aber man spürt doch jedes Mal im Theater, wie diese Machtverhältnisse sich umkehren, sobald dieses Licht angeht, von der Bühne ein Mensch ins Publikum schaut und die Leute dort es plötzlich mit der Angst zu tun bekommen, eben auch die Rollen vertauscht werden könnten. Diese Struktur ist das Regime, in dem Herrschaft im klassischen Theater verhandelt wird.

Und welche Regime walten im digitalen Theater?

Dort sind die Architekturen anders. Wir haben sie bis jetzt noch nicht präzise beschrieben – aber das, was beim klassischen Theaterbesuch eine Rolle spielt, verschiebt sich im Netz. Die angebliche Abwesenheit der Körper, die oft konstatiert wird, ist tatsächlich ja ihre Verteilung über viele nicht unmittelbar geteilte räumliche Situationen. Deswegen sind die zentralen Mechanismen, mit denen im Netz Macht vermittelt wird, Kommunikation und Interaktion. Ein Publikum konstituiert sich im Netz nicht über eine Metrik, die mir neben einem kleinen Augensymbol eine Zahl anzeigt und bei der ungewiss bleibt, ob da nur Rechner schauen oder irgendjemand hinter dem Bildschirm auch wirklich guckt. Das Publikum bildet sich überhaupt erst durch den kommunikativen Akt, etwa im Chat, dadurch, dass es eingebunden wird, Einfluss nimmt auf Performances oder Ähnliches. Im weiteren Sinne ist das die Grundbedingung auch von Herrschaft oder Kontrolle im Internet.

Aber im sogenannten analogen Theater sind partizipative Spielweisen, die anders mit Machtverteilung umgehen, sowieso schon angekommen.

Die Entwicklung ist nicht grundlegend neu, aber ich glaube, dass diese Formen eine viel größere Rolle spielen werden bei dem, was zukünftig von Theater im digitalen Raum zu erwarten ist. Was wir an diesem Übergang auch erleben werden, ist eine ähnliche – ich formuliere es bewusst hart – Propaganda in Bezug auf ökonomische Verhältnisse. Nämlich, dass diese neuen Formen irgendwie freier seien. Freier von Herrschaft, mehr ausgerichtet auf Augenhöhe mit dem Publikum. Ich glaube nicht, dass dem so sein wird. Theater ist immer auch eine Manipulationsinstitution. Aber tatsächlich werden es andere Machtverhältnisse sein, mit anderen Fragestellungen als beim geförderten Theater. Es wird nicht in erster Linie um die Beziehung zu den Geldgeber:innen gehen, zum Staat, zu den Stiftungen und ihren Anforderungen, sondern um das Verhältnis zu den Plattformen und Infrastrukturen, auf denen das Theater dann stattfindet. Was folgt daraus, dass ich nicht ein Theater habe, das in der Öffentlichkeit steht, sondern Content, der direkt auf einem privaten Markt veröffentlicht wird?

Muss das Fördersystem mehr ausgerichtet werden auf das digitale Produzieren?

Um über neue Förderstrukturen sprechen zu können, müssen wir erstmal den Umgang mit den Infrastrukturen klären. Bestimmte Kriterien von Zugänglichkeit müssen erfüllt sein, die längst nicht immer gegeben sind. Im herkömmlichen Theater, etwa in der Oper, existiert eine gewisse Klassenbarriere, in anderen Theaterformen ebenso, aus Gründen, die nicht immer monetär sind. Aber auf einer digitalen Plattform bin ich als Theater Regeln unterworfen, die nicht vollständig Gegenstand staatlicher Kontrolle sind. Daraus ergeben sich Konflikte. Die Tendenz von größeren Plattformen zur Monopolbildung befördert erhebliche Machtakkumulationen, bis zu dem Punkt, wo diese Plattformen in Konfrontation mit Staaten gehen. Teilweise starten sie bereits eigene Förderinitiativen, wie TikTok zum Beispiel mit einer Initiative zur Zukunftsförderung. Einerseits ist es schön, wenn Menschen Geld für Kunstproduktion bekommen, andererseits bedeutet das eben auch den Vorstoß einer privaten Plattform in einen Bereich, der bis jetzt von demokratischen Institutionen verwaltet wird.

Zuletzt haben Sie mit internil unter dem Titel »unreal.theater« mit Virtual Reality experimentiert. Was waren die Erkenntnisse?

Katharina Haverich, Holger Heißmeyer, Christopher Böhm und ich haben diese Arbeit von vornherein als Recherche konzipiert. Wir wollten uns soziale VR-Plattformen anschauen, vor allen Dingen VRChat, der uns vom Potential her am interessantesten erschien. Aber das Ziel war nicht, sofort Theater zu machen, Kunst zu produzieren, sondern die Bedingungen zu erkunden, die wir vorfinden. Was müsste man tun, wenn man dort Theater machen wollte, welche Arbeit wäre dafür nötig, welche Kultur existiert dort, was für ein Publikum möglicherweise? Und wenn man ein neues Publikum dort hinbringen wollte, wie kompliziert wäre das eigentlich? Kundschafter:innen-Arbeit auf eine Art.

Welche Beschränkungen haben Sie vorgefunden?

VRChat ist eine soziale Plattform in Virtual Reality von einer privaten US-Firma, das heißt, in einer gewissen Weise auch zentralisiert. Das sind Eigenschaften, die andere dazu gebracht haben, beim Experimentieren mit sozialer VR eher auf andere Plattformen wie Mozilla Hubs zu gehen, das quelloffen ist. Dafür bietet VRChat viele Vorteile: eine große User-Basis, ein anderes Prinzip der Interaktion, mehr chatgebunden, sozialer. Vor allem bietet die Plattform mehr Möglichkeiten in Bezug auf die Repräsentation von Körpern – von Avataren bis hin zu vollständigem Körpertracking –, die wesentlich interessanter für das Theater sind als Mozilla Hubs, wo zum Beispiel die Avatare keine Beine haben. Körper sind schon wichtig im Theater. Andererseits gibt es heftige Schranken für Menschen mit Beeinträchtigungen auf Sinnesebene. Eine weitere Hürde ist die finanzielle: Wenn man über ein VR-Headset teilnehmen will – was man nicht muss, was aber den Kern der räumlichkörperlichen Erfahrung von Virtual Reality ausmacht –, muss man sich die Anschaffung leisten können.

Was sind wiederum Offenheiten von sozialer VR?

Was interessanterweise als Einschränkung auf VRChat akzeptiert ist: nicht zu sprechen. Es gibt eine Kategorie von Menschen, die aus bestimmten Gründen nicht per Mikrofon teilnehmen, aber in die Community, die sich dort gebildet hat, integriert sind. Das ist wiederum eine Chance solch neuer Umgebungen: Sie bilden andere Inklusions- und Exklusionsmechanismen aus, die abweichen können von der sogenannten Normalgesellschaft.

Ist das Produzieren im Digitalen nachhaltiger, ressourcenschonender?

Strom, Energie, Hardware – all diese Faktoren muss man mit einberechnen. Auch die Frage, wie die Hardware produziert wird, mit welchen seltenen Erden. Wenn ich mit Berliner:innen Straßentheater machen würde, in selbstgeschneiderten Kostümen aus Stoffresten, wäre das mit Sicherheit nachhaltiger als jede Form von digitalem Theater. Wenn mein Projekt darin besteht, Tonnen von Eis aus der Arktis in eine größere europäische Stadt zu transportieren, um sie dort schmelzen zu lassen, dann wahrscheinlich nicht. Digitale Produktionen sind leichter skalierbar als nicht digitale oder solche, die auf physischer Ko-Präsenz aufbauen. Ich kann ohne Weiteres einen Livestream für Tausende von Menschen machen, ohne einen physischen Raum zu haben, zu dem sie anreisen. Die Bewegungen des Publikums müssen in Ressourcenbilanzen ja auch mit eingerechnet werden.

Die andere Frage von Nachhaltigkeit, mit der das Theater überhaupt zu kämpfen hat: Wie lange bleibt eine Produktion, für die viel Aufwand betrieben wurde, zugänglich und verwertbar?

Das sieht im Digitalen einerseits besser aus, weil Produktionen leichter reaktivierbar sind. Auf der anderen Seite haben wir es mit einem Aufmerksamkeitsmarkt zu tun, auf dem es gerade für das

Theater, über das wir hier reden – dieses tatsächliche Kunstthea-
ter –, viel schwieriger ist, überhaupt ein Publikum zu finden. Die
erfolgreichsten Theaterprojekte im Netz waren meiner Kenntnis
nach solche, die ihr »nicht digitales« Publikum erfolgreich auf eine
digitale Aufführungsplattform mitnehmen konnten. Aber die Menschen, die sowieso im Netz mehr oder weniger theatrale Inhalte
konsumieren – auch ein Twitch-Livestream ist ja in gewisser Weise
Theater –, haben nicht darauf gewartet, was irgendeine Bühne
jetzt im Netz veranstaltet. Ausnahmen bestätigen die Regel.

Offen, agil, algorithmisch?

Herausforderungen digitalisierter Prozesse in der vernetzten Theaterarbeit

Von Katja Grawinkel-Claassen

Das deutsche Wort »Digitalisierung« ist schwer zu übersetzen. Im Englischen beispielsweise spricht man eher von einzelnen Aspekten wie *technology, internet* oder *artificial intelligence* und adressiert damit präziser bestimmte Debatten. »In Deutschland hat sich der Begriff hingegen vor allem in der Politik durchgesetzt und bildet eine Klammer für all die strukturellen Anpassungsprozesse – politische, wirtschaftliche, kulturelle –, die die Gesellschaft durch den fortschreitenden Einzug der digitalen Technologie in unseren Alltag nach sich zieht«, schreibt der Kulturwissenschaftler und Autor Michael Seemann.

Die Corona-Pandemie hat zu einer weiteren Aufladung des breiten deutschen Digitalisierungsbegriffs geführt. Im Bereich der darstellenden Künste war damit nicht zuletzt der Imperativ gemeint, auf anderen Kanälen als in den bekannten Versammlungsstätten Präsenz zu zeigen. Künstler:innen und Häuser haben auf diesen Imperativ mit ganz unterschiedlichen Strategien reagiert. Interessant wird es nun, wenn die Bühnen nach und nach wieder belebter werden. Denn wenn es vor der Pandemie noch möglich schien, sich der digitalen Transformation der Gesellschaft als Theater zu verschließen, dann hat sie seit dem Frühjahr 2020 als Querschnittsthema alle unsere Arbeitsbereiche erfasst. Sie prägt und verändert die Formen der künstlerischen Zusammenarbeit und die Begegnungen mit dem Publikum und verlangt von uns, in den Diskursen, die sie begleiten, Stellung zu beziehen – künstlerisch und ethisch, individuell und in Produktionsgemeinschaften aus Häusern und Künstler:innen wie dem Bündnis internationaler Produktionshäuser.

Zugänge

Immer wieder wurde betont, dass über den digitalen Zugang Menschen erreicht werden könnten, die nicht zum Kernpublikum gehören. Um an der Oberfläche dieser Behauptung zu kratzen, wird es notwendig sein, Fragen der Zugänglichkeit präziser zu adressieren – sowohl für digitale Formate als auch für die Häuser, die erneut Publikum empfangen. Wen erreichen wir mit den vorhandenen Strukturen nicht? Warum fehlen uns diese Menschen? Und was sind wir bereit zu investieren, um sie einzubinden? Natürlich wird es wichtig sein, die digitalen Zugänge zukunftsfähig zu machen, wenn sie sich auch im Hybrid-Betrieb weiterhin als sinnvoll erweisen. Die Fragen, wer auch und gerade digital ausgeschlossen bleibt und welche Barrieren analoges und digitales Theater teilen, dürfen dabei allerdings nicht vernachlässigt werden.

Kooperationen

Die Arbeit in Produktionsnetzwerken wie dem Bündnis internationaler Produktionshäuser begünstigt vernetzte Kooperationen im Rahmen digitaler künstlerischer Formate. Wenn mehrere Häuser digital koproduzieren, stellen sich allerdings auch neue Fragen: Was tritt an die Stelle von Premiere und Gastspiel-Tournee, wenn der Zugriff von überall möglich ist? Wie können wir in diesem Fall Verantwortung, Anerkennung und Entlohnung der am Prozess beteiligten Künstler:innen und Gewerke neu denken und verteilen? Welchen veränderten Stellenwert können Proben und Testläufe erhalten, wenn sich Theaterarbeit eher an den agilen Abläufen digitaler Produktion orientiert? Hier können Begriffe wie der des Teilens und der Offenen Standards im Produktionssystem der darstellenden Künste kritisch befragt und produktiv angewandt werden, um neue Verhältnisse zwischen Künstler:innen und Publikum, von Gruppen untereinander und letztlich auch in Abhängigkeit von Förderinstitutionen zu etablieren.

Daten

In nie dagewesenem Maße verarbeiten und teilen Theater neuerdings Daten. Für den verantwortungsvollen Umgang mit diesen Daten braucht es nicht nur ein Bewusstsein, im nächsten Schritt sind juristischer und technischer Sachverstand gefragt. Zivilgesellschaftliche Organisationen wie der Chaos Computer Club oder die Digitale Gesellschaft bieten seit Jahrzehnten Modelle dezentraler, verschlüsselter Kommunikation. Gerade in der Pandemie, in der Gesundheitsdaten auch von Veranstalter:innen verarbeitet werden, bieten solche Ansprechpartner:innen wertvolle Orientierung. Aber auch in allen Arbeitsprozessen ist es unumgänglich, über Datentransfer nachzudenken, denn er bildet die Grundlage neuer Wege der Zusammenarbeit im Team, im Bündnis und mit Partner:innen in nationalen und internationalen Zusammenhängen.

Stadt

»Ein Theater zieht nicht einfach um«, schreibt die Theaterwissenschaftlerin Ulrike Haß und spielt damit auf das besondere Verhältnis zwischen Theater und Stadt an. Die Aussage ist übertragbar auf den Umzug eines digitalen, pandemischen Theaters »zurück« in die verwaisten Innenstädte. Sie sind die prekären Räume, in denen bereits vor der Pandemie der Kampf zwischen Öffentlichkeit, Privatisierung und Gemeinwohl ausgefochten wurde. In der Leere der Lockdowns wurden diese Räume und ihre menschlichen Nutzer:innen noch stärker als zuvor von algorithmischen Systemen der Logistik, der Arbeit, des Bevölkerungsschutzes und der Überwachung durchzogen. Es wird nicht zuletzt an den Theatern und an progressiven Künstler:innen sein, eine neue, postpandemische Kunst in diesem digitalisierten Stadtraum zu installieren, die diese Entwicklungen sichtbar macht, kritisch begleitet und gegebenenfalls widerständige Modelle aufzeigt.

Verwendete Literatur

Seemann, Michael (2019): »Die Geschichte der Digitalisierung in fünf Phasen«, siehe u. a. Programmheft zu *Claiming Common Spaces II*. Online einsehbar unter: https://produktionshaeuser.de/wp-content/uploads/2019/04/CCSII_Magazin.pdf

Haß, Ulrike (2021): »Ein Theater zieht nicht einfach um«: https://www.fft-duesseldorf.de/journal/ein-theater-zieht-nicht-einfach-um

Produktionshäuser im Profil: Steckbriefe

Das **Bündnis internationaler Produktionshäuser** ist ein Zusammenschluss von sieben Institutionen der zeitgenössischen performativen Künste. Im Bündnis sammeln FFT Düsseldorf, HAU Hebbel am Ufer (Berlin), HELLERAU – Europäisches Zentrum der Künste (Dresden), Kampnagel (Hamburg), Künstler*innenhaus Mousonturm (Frankfurt am Main), PACT Zollverein (Essen) und tanzhaus nrw (Düsseldorf) ihre Fähigkeiten und Erfahrungen als zentrale kultur- und gesellschaftspolitische Akteure, die internationale Perspektiven mit Künstler:innen vor Ort, lokalen Zuschauer:innengruppen und diversen Stadtgesellschaften in einen kontinuierlichen, offenen und vielfältigen Austausch bringen. Seit der Spielzeit 2016/17 wird das Bündnis internationaler Produktionshäuser von der Beauftragten der Bundesregierung für Kultur und Medien gefördert.
www.produktionshaeuser.de

Das **FFT Düsseldorf (Forum Freies Theater)**, im Jahr 1999 gegründet, ist ein internationales Produktionshaus für freie darstellende Künste, das in einem Netzwerk aus Produktionsstätten, Theatern und weiteren Partnern sowohl regional als auch international agiert.
Die kontinuierliche Zusammenarbeit mit Künstler:innen-Kollektiven prägt das Programm ebenso wie die Förderung des künstlerischen Nachwuchses, Kooperationen mit Hochschulen und Schulen und der Austausch mit Akteur:innen der Stadt. Die künstlerische Arbeit mit Jugendlichen und ein avanciertes Programm für junges Publikum gehören von Anfang an zum Profil. Den Umzug in eine neue Spielstätte, die im November 2021 in der ehemaligen Hauptpost am Düsseldorfer Hauptbahnhof eröffnet wurde, nahm das FFT zum Anlass für eine interdisziplinäre Recherche zur zukünftigen Rolle des Theaterbetriebs in der Stadtgesellschaft und in einer globalisierten, digitalisierten Welt. Neben dem umfangreichen Eröffnungsprojekt *Place Internationale*, mit dem urbane, künstlerische, diskursive und aktivistische Praxen zueinander ins Verhältnis gesetzt wurden, spielt »Das digitale Foyer« eine besondere Rolle. In diesem Projekt erprobt das FFT gemeinsam mit der Deutschen Oper am Rhein digitale Räume zwischen Institution, Internet und städtischer Öffentlichkeit.
Seit 2004 ist Kathrin Tiedemann künstlerische Leiterin und Geschäftsführerin.
www.fft-duesseldorf.de

Das internationale Produktionshaus **HAU Hebbel am Ufer (Berlin)** mit seinen drei Bühnen HAU1, HAU2 und HAU3 produziert und präsentiert aktuelle künstleri-

sche Positionen an der Schnittstelle von Theater, Tanz und Performance. Seit 2020 ergänzt die digitale Bühne HAU4 das Programm. Für diese Plattform produziert das HAU Projekte, die eigens für den Online-Bereich entwickelt werden. Darüber hinaus sind Musik, bildende Kunst und Diskursveranstaltungen feste Bestandteile des Programms. Im HAU Hebbel am Ufer werden internationale Koproduktionen, Festivals und Projekte der Berliner und der (inter)nationalen Theater- und Tanz-szene entwickelt und gezeigt. Es knüpft dabei an die internationale Netzwerkarbeit des 1989 als internationales Koproduktions- und Gastspielhaus ohne eigenes festes Ensemble neueröffneten Hebbel-Theaters (jetzt HAU1) und die Geschichte des Theaters am Halleschen Ufer (jetzt HAU2) als Spielstätte für die freien performa-tiven Künste in Berlin an. Jeden Sommer richtet das HAU mit »Tanz im August« eines der renommiertesten Tanzfestivals Europas aus. Wichtige Eckpfeiler des Pro-gramms sind ein zeitgenössisches Repertoire mit regelmäßigen Wiederaufnahmen sowie thematische Festivals und Schwerpunkte.
Seit der Spielzeit 2012/13 wird das HAU Hebbel am Ufer von Annemie Vanackere geleitet und verantwortet.
www.hebbel-am-ufer.de

HELLERAU – Europäisches Zentrum der Künste (Dresden) – wurde 1911 als Festspielhaus und Bildungsanstalt für Musik und Rhythmus nach den Visionen des Wegbereiters der modernen Architektur Heinrich Tessenow und des Musikpädago-gen Émile Jaques-Dalcroze erbaut. Als künstlerisches Zentrum der ersten deutschen Gartenstadt zog der legendäre Bau bis 1914 Künstler:innen aus ganz Europa nach Hellerau. In den 1930er-Jahren wurde das Haus als Polizeischule und SS-Kaserne ge-nutzt, später diente es der Sowjetarmee als Lazarett und Kaserne. In den 1990er-Jahren begann die Wiederbelebung des Ortes durch Künstler:innen und Kulturschaffende. Heute agiert HELLERAU als interdisziplinäres und internationales Zentrum für Tanz, Performance, Musik, Theater und Medienkunst, das Räume für Produktio-nen, Festivals, Konzerte, Vorstellungen, Ausstellungen und Diskurs bietet, mit ver-schiedenen regionalen Kulturpartner:innen kooperiert und international vernetzt ist. Einmalig sind die Residenzappartements und die Möglichkeiten der künstlerischen Forschung, Produktion und Begegnung. In verschiedenen Schwerpunkten und Festi-valformaten werden aktuelle gesellschaftliche Fragen behandelt. Ein Programmfokus beschäftigt sich mit der Rolle der Künste in den gesellschaftlichen Transformati-onsprozessen der ehemaligen Ostblockstaaten nach 1989. Andere Themen kreisen um Nachbarschaften, Generationen, Erbe, Tradition und Erinnerung sowie digitale Transformation und ökologische Nachhaltigkeit.
Seit der Spielzeit 2018/19 ist Carena Schlewitt Intendantin.
www.hellerau.org

Kampnagel Hamburg: Die ehemalige Kranfabrik wurde 1982 zunächst vom Deutschen Schauspielhaus als Ausweichspielstätte genutzt, bevor freie Hamburger

Künstler:innen begannen, das Gelände zu bespielen und so vor dem Abriss zu bewahren. Seit 1993 existiert Kampnagel in der derzeitigen Struktur mit institutionalisierter Förderung durch die Behörde für Kultur und Medien.

Kampnagel bietet mit sechs Bühnen und insgesamt 1900 Plätzen, dem großen Foyer und seinem Außengelände eine herausragende Struktur für lokale und internationale Eigen- und Koproduktionen, nicht nur aus den Bereichen Tanz, Theater, Performance und Musik, sondern auch für bildende Kunst, Architektur, Diskurs und Party. Daneben spielen interdisziplinäre Themenschwerpunkte und Festivals eine wichtige Rolle, um relevante Inhalte in kuratorische und künstlerische Thesen zu übersetzen. Für kontinuierliche Horizonterweiterungen sorgt die produktive Konfrontation von (g)lokalen künstlerischen Arbeitsweisen mit internationalen Positionen. Transkulturelle Praxis ist dabei ein zentrales Anliegen – nicht nur ästhetisch, sondern auch auf der Ebene der Akteur:innen und des Publikums.

Kampnagel öffnet sich in die Gesellschaft und in die umgebende Realität. Mit transdisziplinären Formaten wird gemeinsam nach zeitgemäßen Formen von künstlerischer Arbeit, Partizipation und Wissensvermittlung jenseits des Leitkultur-Gedankens und der Einordnung in Genre-Schubladen gesucht.

Seit 2007 ist Amelie Deuflhard Intendantin von Kampnagel.

www.kampnagel.de

Das **Künstler*innenhaus Mousonturm** in Frankfurt am Main wurde 1988 als eines der ersten freien Produktionshäuser in Deutschland eröffnet und zählt heute international zu den wichtigsten und erfolgreichsten freien Produktionszentren. Es bietet auf über 4000 Quadratmetern im denkmalgeschützten Turm der ehemaligen Mouson-Seifenfabrik mit einem Theatersaal, zwei Studiobühnen, Probebühnen und Ateliers, Künstler:innenwohnungen, der Bühnenwerkstatt und den Anbindungen der Tanzplattform Rhein-Main und des Frankfurt LAB hervorragende Produktions- und Aufführungsmöglichkeiten.

Als »Haus der Künstler:innen« stellt der Mousonturm den wiederkehrenden Austausch mit Kunstschaffenden, Gruppen und Kollektiven der freien Szene im deutschsprachigen, europäischen und auch außereuropäischen Raum in den Mittelpunkt seiner Programm- und Produktionsarbeit. Schwerpunkte des Mousonturm-Programms bilden zeitgenössischer Tanz, Performance und Musik. Wichtig ist, Entwicklungen aus den sogenannten Pop-, Sub- und Soziokulturen Raum zu geben.

Im Mousonturm werden Filme gezeigt, Konzerte veranstaltet und Installationen präsentiert. Darüber hinaus begreift das Team des Mousonturm die Stadt und die Metropolregion als Bühne, als Interventions- und Aktionsraum, der regelmäßig bespielt und gemeinsam mit den Bürger:innen der Stadt erkundet wird.

Matthias Pees war seit 2013 Intendant und Geschäftsführer. Seit September 2022 haben Anna Wagner und Marcus Droß die Leitung des Hauses übernommen.

www.mousonturm.de

2002 gegründet, arbeitet **PACT Zollverein (Essen)** als internationales Produktions- und Künstler:innenhaus. Das Kunstzentrum ist auf dem postindustriellen Gelände der Zeche Zollverein in Essen beheimatet. Mit einer bundesweit einzigartigen Struktur widmet sich PACT als Arbeits-, Lern-, und Austauschort den vielgestaltigen Beziehungen zwischen Kunst, Ökologie, Technologie und Gesellschaft und der Entwicklung und Präsentation vielfältiger künstlerischer Arbeiten mit dem Schwerpunkt auf zeitbasierter, darstellender und performativer Kunst. PACT ist in vier Arbeitsfeldern aktiv. Im Bühnenprogramm aus Uraufführungen, Koproduktionen und Gastspielen stehen langjährige Allianzen und Partnerschaften ebenso im Fokus wie die Förderung junger Akteur:innen der Performing Arts und der angrenzenden Künste. Im Rahmen des internationalen Residenzprogramms arbeiten jährlich über 130 Künstler:innen und Wissenschaftler:innen im Haus – PACT bietet mit vier Studios Raum für konzentrierte Arbeitsprozesse und unterstützt die Recherchen der Künstler:innen. Im Bereich Plattform veranstaltet PACT mit internationalen und lokalen Partner:innen Labore, Festivals und mehrtägige Symposien, die sich den drängenden Fragen der Gegenwart mit vielfältigen Wissensformen nähern und einen transdisziplinären Austausch initiieren. Im Themen- und Recherchefeld Stadtraum stehen das unmittelbare urbane Umfeld vor dem Hintergrund globaler Konzepte und Fragen des Zusammenlebens in diversen Stadtgesellschaften im Mittelpunkt. Im 2016 gegründeten Projektraum WerkStadt bilden die Zusammenarbeit und der Dialog mit der unmittelbaren Nachbarschaft den Ausgangspunkt für die Entwicklung eines eigenen Programms.

Seit 2002 ist Stefan Hilterhaus künstlerischer Leiter und Geschäftsführer von PACT Zollverein.

www.pact-zollverein.de

Das **tanzhaus nrw** in Düsseldorf, ansässig in einem ehemaligen Straßenbahndepot, widmet sich mit zwei Bühnen und acht Tanz- und Produktionsstudios dem zeitgenössischen Tanz. Als ein internationales Zentrum ist es zugleich Spiel- und Produktionsort von jährlich mehr als 200 Veranstaltungen sowie Akademie mit 1500 Besucher:innen wöchentlich. In der Kombination aus der Präsentation von zeitgenössischem Tanz und der Akademie ist das Haus in Deutschland einzigartig. Das tanzhaus nrw ist wichtiger Kooperationspartner für die lokale und regionale Tanzszene Düsseldorfs und Nordrhein-Westfalens. Koproduktionen, Gastspiele, Festivals und Programmschwerpunkte werden in vielfältigen Kooperationen mit sowohl nationalen als auch internationalen Künstler:innen und Partner:innen konzeptioniert und durchgeführt. Das künstlerische Programm des tanzhaus nrw widmet sich ausgehend von vielstimmigen künstlerischen Perspektiven auf Körper, Choreografie, Tanz und Gesellschaft der kritischen Auseinandersetzung mit der Gegenwart.

Bettina Masuch war seit 2014 künstlerische Leiterin und Geschäftsführerin. Ab der Spielzeit 2022/23 hat Ingrida Gerbutavičiūtė die Leitung des Hauses übernommen.

www.tanzhaus-nrw.de

Biografien der Autor:innen

Melmun Bajarchuu studierte Philosophie, Politikwissenschaft und Soziologie. Sie arbeitet an den Grenzbereichen von Kunst, Theorie und Politik als Denkerin und Diskurspartnerin. Ihr besonderes Interesse gilt der Verwebung von Theorien und Praktiken im Kontext poststrukturalistischer, post- und dekolonialer sowie queerfeministischer Themen. Daneben forscht sie zu mikropolitischen Widerstandspraktiken in den Darstellenden Künsten und zur Diffraktion als Denkpraxis. Sie ist engagiert in der Initiative für Solidarität am Theater und arbeitet (machtkritisch) mit Forscher:innen, Theatermacher:innen und Künstler:innen in den Bereichen Performance, Neuer Zirkus und zeitgenössischer Tanz.

Annett Baumast ist Inhaberin und Geschäftsführerin von baumast. kultur & nachhaltigkeit in Hamburg. Seit 2009 arbeitet sie selbständig als Expertin, Dozentin und Autorin für Nachhaltigkeit, insbesondere für Unternehmen und Organisationen aus dem Bildungs- und Kulturbereich. Sie hält Lehraufträge an mehreren Hochschulen im In- und Ausland und ist seit Oktober 2019 zusätzlich wissenschaftliche Mitarbeiterin / Postdoktorandin am Institut für Kultur- und Medienmanagement der Hochschule für Musik und Theater Hamburg.

Eva Behrendt studierte Geschichte, Germanistik und Theaterwissenschaft in Mainz, Dijon und Berlin. Seit 2001 ist sie Redakteurin bei *Theater heute*, außerdem freie Kritikerin, u. a. für die *taz*, *DIE ZEIT*, den *Merkur* sowie Gastdozentin am Institut für Theaterwissenschaft der Freien Universität Berlin. Sie ist u. a. Mitglied der Jury des Berliner Theatertreffens.

Esther Boldt verfolgt zugewandt und vorwiegend schreibend die zeitgenössische Tanz- und Theaterszene, u. a. als freie Autorin für die *taz*, *nachtkritik.de*, *Theater heute* und den *Hessischen Rundfunk*. Zudem war und ist sie in zahlreichen Jurys tätig, verfasst Essays über zeitgenössische Ästhetik und Kulturpolitik für zahlreiche Publikationen und unterrichtet an den Universitäten in Frankfurt a. M. und Mainz Theaterkritik. Seit 2019 leitet sie gemeinsam mit Philipp Schulte die Akademie für zeitgenössischen Theaterjournalismus, ein Projekt des Bündnisses internationaler Produktionshäuser.

Martine Dennewald studierte Dramaturgie in Leipzig und Kulturmanagement in London. Dort arbeitete sie beim LIFT (London International Festival of Theatre) erstmalig für ein Theaterfestival, später auch in Budapest beim Kortárs Drámafesztivál. Von 2007 bis 2011 war sie Schauspielreferentin und Kuratorin des Young Directors Project bei den Salzburger Festspielen. 2012 ging sie als Dramaturgin ans Künstlerhaus Mousonturm in Frankfurt am Main, das sie bis Juli 2014 gemeinsam mit Marcus Droß und Martina Leitner interimistisch leitete. Von 2015 bis 2020 war sie künstlerische Leiterin des Festivals Theaterformen in Hannover und Braunschweig. Seit Sommer 2021 leitet Martine Dennewald gemeinsam mit Jessie Mill das Festival TransAmériques in Tio'tia:ke/Montréal.

Katja Grawinkel-Claassen ist seit 2012 Dramaturgin am FFT Düsseldorf und Lehrbeauftragte u. a. an der Kunstakademie Düsseldorf, Universität zu Köln, Hochschule Düsseldorf und Universität Düsseldorf. Sie studierte Medien- und Kulturwissenschaft in Düsseldorf und Potsdam, war freie Autorin und Theaterkritikerin für verschiedene Zeitungen und beim Radio und arbeitete von 2007 bis 2012 mit der freien deutschschweizerischen Theatergruppe Schauplatz International zusammen.

Sina Kießling ist Schauspielerin und Theaterproduzentin. Sie hat ein Schauspielstudium an der hmt Rostock sowie ein Fernstudium an der Hochschule für Musik und Theater Hamburg im Bereich Kultur- und Medienmanagement absolviert. Seit 2002 ist sie als Schauspielerin an verschiedenen Bühnen in Deutschland engagiert. Ihre Tätigkeit als Produktionsleiterin umfasst Zusammenarbeiten u. a. mit Fabian Hinrichs, dem Solistenensemble Kaleidoskop/Union Universal, dem Nordwind Festival, Markus Öhrn, Simone Aughterlony, Kat Válastur, Janne Gregor, Anna Fries und machina eX.

Judith Knight ist ehemalige künstlerische Leiterin von Artsadmin, einer Organisation, die sie 1979 gründete. Während ihrer Zeit bei Artsadmin produzierte sie zahlreiche Kunstprojekte, darunter Site-Specific-Arbeiten an Orten auf der ganzen Welt sowie viele Projekte zu den Themen Umwelt und Klima. Sie arbeitete eng mit dem europäischen Netzwerk

»Imagine 2020« zusammen, darunter auch mit dem »2 Degrees Festival« von Artsadmin, und initiierte 2021 – zusammen mit Julie's Bicycle – das Programm »Season for Change«. 2009 wurde sie von der französischen Regierung zum Officier des Arts et des Lettres ernannt; 2012 erhielt sie die Ehrendoktorwürde der Brunel University. Heute arbeitet sie als freiberufliche Kunstberaterin.

Yorgos Konstantinou (y0rgos), auch bekannt als ЁРГОС, ist ein in Berlin ansässiger visueller Kommunikator aus Thessaloniki mit einer langen Präsenz in Katalonien. Als Comiczeichner und Cartoonist mit einem Hintergrund in kreativer visueller Rhetorik kreiert er Bilder auf originelle, poetische und intelligente Weise. Er arbeitet als Illustrator, visueller Vermittler, Comiczeichner und Cartoonist für Buch, Presse und Erklärfilme. Yorgos Konstantinou ist Initiator der #MEDfaces-Initiative und des Bildungskollektivs IRENIA.

Rahel Leupin ist Geschäftsführerin der Organisation artlink, die Künstler:innen aus Afrika, Asien, Lateinamerika und Osteuropa fördert. Sie hat als Veranstalterin und Programmgruppenmitglied für verschiedene Kulturinstitutionen gearbeitet, wie die Rote Fabrik Zürich, das Zürcher Theater Spektakel, das Festival Belluard Bollwerk und das Yerba Buena Center for the Arts in San Francisco. In ihrer Doktorarbeit »Making the Extracultural: Rehearsing and Curating Contemporary Performances« (2019) analysierte sie, wie interkulturelle Zusammenarbeit und Innovation trotz ökonomischer Ungleichheit und kultureller Differenz gelingen können.

Juliane Männel studierte bis 2007 Dramaturgie an der Hochschule für Musik und Theater in Leipzig und arbeitet seit 2008 als freie Dramaturgin und Produktionsleiterin in Berlin. Sie betreute u. a. Projekte von Rimini Protokoll, Dominic Huber, Hans-Werner Kroesinger und Hannah Hurtzig/Mobile Akademie Berlin. 2008 realisierte sie als Projektleiterin das »100° Berlin Festival« am HAU Hebbel am Ufer, Berlin. Seit 2017 ist sie Company Managerin von Rimini Protokoll.

Doris Meierhenrich studierte Philosophie an der Ludwig-Maximilians-Universität München und Kulturkritik an der Bayerischen Theaterakademie. Seit 1999 arbeitet sie als Theater- und Kulturkritikerin in Berlin.

Harriet Maria Meining und **Peter Meining** sind Künstler:innen und Produzent:innen. In den 1990er-Jahren eröffneten sie in Dresden mehrere illegale Kunstclubs und waren an der Gründung diverser Galerien und Theater beteiligt. Bis 2014 arbeiteten sie unter dem Namen norton. commander.productions und produzierten mit internationalen freien Theaterhäusern, Schauspielhäusern und Festivals über 50 Arbeiten. 2017 gründeten sie die Filmproduktionsfirma MauserFilm.

Graciela Melitsko Thornton (für **Julie's Bicycle**) ist Expertin für Nachhaltigkeit und Klimawandel mit mehr als zwanzig Jahren Erfahrung. Sie hat einen Master-Abschluss in Stadt- und Umweltpolitik der Tufts University (Boston, USA) und ist Vollmitglied des britischen Institute of Environmental Management and Assessment (IEMA). Zu ihren vielfältigen Kompetenzen gehören die Entwicklung von Strategien und die Durchführung von Projekten für kohlenstoffarme Städte, Umweltmanagement für den Kunst- und Freizeitsektor sowie die Förderung erneuerbarer Energien in Großbritannien, Europa und Lateinamerika.

Elena Philipp ist Redakteurin bei *nachtkritik.de* und schreibt als freie Kulturjournalistin für Zeitungen und Fachzeitschriften. Seit 2018 hostet sie gemeinsam mit Susanne Burkhardt von *Deutschlandfunk Kultur* »Der Theaterpodcast«. 2021 hat sie den Sammelband *Theater und Macht. Beobachtungen am Übergang* von nachtkritik.de und Heinrich-Böll-Stiftung mit herausgegeben. Sie gehört dem Auswahlkuratorium für das Festival des Theaters für junges Publikum »Augenblick mal!« 2023 an.

Anja Quickert ist freie Autorin – u. a. für *Theater heute* –, Mitglied der DFG-Forschungsgruppe »Krisengefüge der Künste«, wissenschaftliche Mitarbeiterin an der Universität Hildesheim, Geschäftsführerin der Internationalen Heiner Müller Gesellschaft sowie Theatermacherin.

Christian Rakow ist Theaterkritiker und Co-Redaktionsleiter von *nachtkritik.de*. Er studierte Germanistik und Philosophie in Rostock, Berlin und Sheffield und promovierte in Münster in Literaturwissenschaft (*Die Ökonomien des Realismus. Kulturpoetische Untersuchungen zur Literatur und Volkswirtschaftslehre 1850–1900* [De Gruyter 2013]). Er war Mitglied der Jury des Berliner Theatertreffens (2017–2019), ist seit 2013 Mitorganisator der Konferenz »Theater und Netz« und war im Herausgeber:innenteam des Bandes *Netztheater. Positionen, Praxis, Produktionen* (2020).

Hans-Jörg Rheinberger ist Direktor emeritus am Max-Planck-Institut für Wissenschaftsgeschichte in Berlin. Er studierte Philosophie, Linguistik und Biologie in Tübingen und Berlin. Nach einem MA in Philosophie 1973 promovierte er 1982 in Biologie und habilitierte 1987 an der FU Berlin im Fach Molekularbiologie. Nach Stationen in Berlin, Stanford, Lübeck und Salzburg war er von 1997 bis 2014 Direktor am Max-Planck-Institut für Wissenschaftsgeschichte in Berlin. Er ist Mitglied der Berlin-Brandenburgischen Akademie der Wissenschaften und der Nationalen Akademie der Wissenschaften Leopoldina. Er veröffentlichte zahlreiche Bücher, zuletzt *Spalt und Fuge. Eine Phänomenologie des Experiments* (2021).

Anne Schneider ist freie Regisseurin, Konzepterin und Moderatorin. Sie ist Gründungsmitglied des Kollektivs MischPULK (Hamburg) und des Kollektivs Nachhaltige Kultur (Berlin). Von 2017 bis Februar 2021 arbeitete sie als Geschäftsführerin des Bundesverbands Freie Darstellende Künste, von 2014 bis 2017 war sie künstlerische Leiterin des Festivals »Hauptsache Frei«. Zuvor leitete sie das »Kaltstart«-Festival in Hamburg.

Theresa Sigmund ist freiberufliche Kulturpraktikerin und Bewegungsforscherin an der Schnittstelle von Kunst, Gesellschaft und Körper. Sie hat einen Master-Abschluss in Kulturwissenschaft an der Humboldt-Universität zu Berlin und der Universidade NOVA de Lisboa. Als Redakteurin und Koordinatorin von Contemporary And (C&) pendelt sie zwischen Berlin und dem Bodensee.

Katja Sonnemann arbeitet als freie Produzentin, Dozentin, Mentorin und Beraterin. Sie ist Initiatorin und Leiterin der Akademie für Performing Arts Producer des Bündnisses internationaler Produktionshäuser. Nach ihrem Studium der Angewandten Theaterwissenschaft in Gießen arbeitete sie u. a. als Tourmanagerin für Sasha Waltz & Guests, war Disponentin/Leiterin des künstlerischen Betriebsbüros an der Schaubühne und am Maxim Gorki Theater in Berlin sowie Leiterin der künstlerischen Produktion des Festivals »Theater der Welt« 2005 in Stuttgart. Seit 2010 arbeitet sie selbständig als Produzentin in den freien darstellenden

Künsten (u. a. mit Rimini Protokoll und andcompany&Co.) und ist in verschiedenen nationalen und internationalen Netzwerken engagiert. Sie gibt Workshops und Seminare und berät verschiedene nationale und internationale Künstler:innen und Companys.

SWOOSH LIEU (Johanna Castell, Katharina Pelosi und Rosa Wernecke) wurde 2009 am Institut für Angewandte Theaterwissenschaft in Gießen gegründet und arbeitet seitdem als queerfeministisches Kollektiv kontinuierlich in unterschiedlichen Konstellationen und Kooperationen. Ihre Performances waren bei der Tanzplattform, beim Stückmarkt des Berliner Theatertreffens und auf den Festivals »Impulse« und »Politik im Freien Theater« zu sehen. 2018 waren Swoosh Lieu Residentinnen an der Villa Kamogawa (Goethe-Institut Japan) und haben dort mit der Arbeit an ihrem Projekt *A Feminist Guide to Nerdom* begonnen, das internationale Medienkünstlerinnen porträtiert und vernetzt. 2022 setzen sie die Arbeit im Rahmen einer Residenz an der Kulturakademie Tarabya (Goethe-Institut Istanbul) fort.

Kathrin Tiedemann ist Dramaturgin, Kuratorin und Theaterleiterin. Nach dem Studium der Theaterwissenschaft und Germanistik an der Freien Universität Berlin war sie u. a. Autorin und Redakteurin der Fachzeitschrift *Theater der Zeit* und bei der Wochenzeitung *der Freitag*. Sie war Mitbegründerin und Kuratorin des Festivals »reich & berühmt« am Podewil Berlin (1996 bis 2003) und arbeitete als Dramaturgin, u. a. für Kampnagel Hamburg. Seit 2004 ist sie Geschäftsführerin und künstlerische Leiterin des FFT (Forum Freies Theater) in Düsseldorf. Sie ist Mitherausgeberin der Publikationsreihe der Kunststiftung NRW »Postdramatisches Theater in Portraits«, die im Alexander Verlag Berlin erscheint.

Arne Vogelgesang realisiert mit dem Theaterlabel internil und unter eigenem Namen Kunstprojekte, die mit dokumentarischem Material, neuen Medien, Fiktion und Performance experimentieren. Ein inhaltlicher Schwerpunkt dabei ist radikale politische Propaganda im Internet, ein ästhetischer ist Menschendarstellung in 3D. Außerdem hält er Vorträge, gibt Workshops zu seinen Recherchen, spielt mit VR herum und schreibt gelegentlich Texte.

Ingrid Vranken arbeitet als unabhängige Dramaturgin, Kuratorin und Künstlerin und ist Mitglied von FoAM, einem transdisziplinären Labor an den Schnittstellen von Kunst, Wissenschaft, Natur und Alltag. Ihre kuratorische und künstlerische Praxis konzentriert sich darauf, einen systemischen ökofeministischen Wandel in der Kunst zu ermöglichen, indem sie sich mit dem Wissen und der Arbeit von nicht-menschlichen Wesen, insbesondere Pflanzen und Geistern, auseinandersetzt. Das kollaborative Projekt *Common Wallet* prägt seit 2018 ihren Alltag. Seit dem Frühjahr 2020 ist sie Teil des vielstimmigen Kuratorenteams von wpZimmer, einem Raum für künstlerische Entwicklung in Antwerpen.

Patrick Wildermann arbeitet als freier Kulturjournalist in Berlin. Er schreibt u. a. für den *Tagesspiegel*, *tip* und das Magazin *GALORE*.